LA
TURQUIE DÉMASQUÉE

ET LA
RÉHABILITATION DE L'EUROPE

PAR

LE BARON LERMOT
(FERDINAND MORLET)

Voyageur en Syrie, en Arabie, en Égypte et en Palestine

« Est-il possible que l'Europe hésite entre le démembrement de l'empire ottoman et la solution qui consiste à maintenir la domination turque? Nous ne le pensons pas; le maintien actuel n'est pas une solution, c'est tout au plus un ajournement des difficultés. »

(HENRI GRIGNAN, *le Démembrement de l'Empire ottoman.*)

PARIS
LIBRAIRIE MANGINOT-HELLITASSE
36, BOULEVARD SAINT-MICHEL, 36

1877

LA
TURQUIE DÉMASQUÉE

ET LA

RÉHABILITATION DE L'EUROPE

LA
TURQUIE DÉMASQUÉE

ET LA
RÉHABILITATION DE L'EUROPE

PAR
LE BARON LERMOT
(FERDINAND MORLET)

Voyageur en Syrie, en Arabie, en Égypte et en Palestine

« Est-il possible que l'Europe hésite entre le démembrement de l'empire ottoman et la solution qui consiste à maintenir la domination turque? Nous ne le pensons pas; le maintien actuel n'est pas une solution, c'est tout au plus un ajournement des difficultés. »
(Henri Grignan, *le Démembrement de l'Empire ottoman.*)

PARIS
LIBRAIRIE MANGINOT-HELLITASSE
36, BOULEVARD SAINT-MICHEL, 36

1877

A TOUS SEIGNEURS, TOUT HONNEUR !

Ces traits caractéristiques du savoir-faire de dame Diplomatie :

« Nommons les choses par leur nom. Tuer un homme au coin d'un bois, qu'on appelle la forêt de Bondy ou la forêt Noire, est un crime ; tuer un peuple au coin de cet autre bois qu'on appelle la diplomatie est un crime aussi. — Plus grand. Voilà tout. » (Victor Hugo, *Plaidoyer en date du 29 août 1876 pour la Serbie.*)

— A quoi sert la diplomatie ? demandais-je un jour à certain diplomate en herbe, nourri dans le sérail et qui en connaissait les détours.

— Mais à inventer les questions diplomatiques, me répondit ce futur ambassadeur.

De même que les lieutenants de louveterie conservent précieusement les loups, de même les diplomates font naître les questions, les entretiennent, les nourrissent, les enveniment, les embrouillent, les éternisent.

Ainsi en est-il, surtout, de la question d'Orient.

Les consulats sont une branche de cette diplomatie, branche très-utile, — la consolation des décavés. Autrefois, sous l'ancien régime, quand un fils de famille faisait trop de sottises, on l'expédiait aux îles avec un brevet de capitaine. Sous l'honnête Napoléon III, lorsqu'un jeune homme de la cour ou des environs s'était un peu trop répandu, on le bombardait vice-consul ou quelque chose d'approchant. Les consulats continuent d'être l'asile des fils et parents de ci-devant qui n'ont pas réussi. Les conseils judiciaires y abondent. On peut consulter nos nationaux en Turquie, en Égypte, dans toutes les Échelles du Levant ; s'ils ne votent pas d'acclamation l'embarquement immédiat des consuls, s'il en est plus de trois d'épargnés, je passe condamnation, et, pour me punir, je supplie les polichinelles et les arlequins du plus bas des empires de me canarder ministre plénipotentiaire en Araucanie.

Consuls généraux, consuls, vice-consuls, élèves-consuls, chanceliers, drogmans, — fantoches d'un régime abhorré, la vie privée vous réclame !

Ce ramassis de ramollis, de phthisiques, de saltimbanques anoblis, de goutteux, de guignols en habit noir, de ventrus, d'escrocs en culotte courte, d'acrobates enrichis, de goîtreux, de pantins en gants beurre frais, de parasites, d'infirmes, d'impotents, etc,, etc., est en Orient qui se livre sans honte à ses voltiges et à ses cabrioles d'autrefois.

Tout cela doit s'évanouir pour ne plus reparaître...

L'Empire, ce foyer de putréfaction qui a infecté, empuanti la France pendant plus de dix-huit ans, — l'Empire s'est effondré sous le poids de ses meurtres et de ses scandales.

Des flots de pourriture en sont sortis, mais pas si violemment toutefois qu'ils aient eu le temps d'étouffer le pays.

Celui-ci vit toujours !

On peut le sauver !... Grâce à la République, la France tombée, dégénérée, peut se relever. Si l'Empire l'a souillée, corrompue, la République peut lui rendre son courage et sa vigueur. Si l'Empire l'a déconsidérée, amoindrie, la République peut lui rendre son éclat et son prestige. Si l'Empire l'a dégradée, déshonorée, la République peut la réhabiliter. Son salut est entre les mains de tous les hommes de cœur et de bonne volonté, il ne tient qu'à eux de l'assurer.

Pour cela, il ne suffit pas seulement de lui donner des lois et des institutions qui la rendent libre. Il faut surtout lui donner des mœurs conformes à la raison, à la probité, à l'honneur, qui la fassent honnête; des fonctionnaires appropriés, avides de la faire respecter à l'étranger.

Lorsque la France sera honnête, bien représentée, elle aura conscience de ses devoirs, et sera servie comme il convient à sa dignité. L'honnêteté, la dignité de soi, seules, peuvent la régénérer *urbi et orbi*.

Paris, le 28 février 1877.

PRÉFACE

Un homme d'infiniment d'esprit, Henri Heine, a dit, en parlant des gouvernements : *Plus ça change, plus c'est la même chose.*

Daigne le lecteur bien se pénétrer de cette sentence, et vouloir me suivre dans la petite excursion que j'accomplis ici, dans les arcanes de la politique de l'Europe en général, de la Turquie en particulier.

Europe et Turquie : chien et chat, ou chat et chien, comme on voudra. Je vois des dents qui grincent, des yeux qui pétillent, des oreilles qui se courbent, des pattes qui brûlent d'attaquer ou de fuir ; mais, dans les deux personnalités correspondant aux termes de ma comparaison, laquelle peut, avec un droit incontestable, revendiquer d'avoir le pas sur l'autre : la force, qui est la supériorité du chien sur le chat ; la ruse, qui est celle du chat sur le chien? Je n'en sais rien, et n'en veux rien savoir.

Toujours est-il, en attendant la solution exacte de ce problème, que le mot *Turc*, avant les événements que l'on voit se dérouler actuellement en Orient, n'avait plus cours parmi nous que dans quelques phrases familières et proverbiales : *Cet homme est fort comme un Turc*, il est extrêmement robuste ; *c'est un vrai Turc*, il est rude, inexorable, sans pitié. *Traiter quelqu'un de Turc à More*, le traiter avec rigueur, sans quartier.

Prétendez-vous traiter mon cœur de Turc à More ?

a dit Molière.

En dehors de ces phrases familières et proverbiales, les Turcs avaient également fini par n'être plus connus de l'Europe que par les menus des dîners officiels de leurs ambassadeurs, et leurs largesses envers les princesses de X..., les comtesses de Y..., les marquises de Z...; les femmes d'un monde décrit par Arsène Houssaye et Alexandre Dumas fils, ou d'autres soi-disant honnêtes, auxquelles les bons conseils n'ont jamais manqué, mais qui ont abandonné tout, parents, famille, enfants, pour vivre à leur fantaisie.

On se rappelle, en effet, que ces menus et ces largesses étaient fort appréciés, il n'y a pas longtemps encore, des gourmets et de la grande bicherie parisienne ; qu'après les dîners en question, il y avait toujours petite réception, semi-intime ; concert instrumental et bal « dans la splendide salle ruisselante de dorures et de lumières, bien connue du *high-life*; » comme disaient les feuilles à scandale, grassement payées pour ne rien cacher de ce qui se passait dans ces réunions.

Ceux des causeurs que tourmentait le besoin de faire une confidence n'étaient pas obligés de sortir de cette salle. Les profondes embrasures des fenêtres, avec leurs épais rideaux, tenaient lieu de confessionnal.

Toute la société parisienne (excepté les boursiers) ayant des représentants là dedans, on comprend que tous les sujets étaient traités et discutés sans préférence. On conçoit aussi que tous ces affluents babillards venaient grossir bien vite le fleuve des indiscrétions mondaines. Somme toute, il y avait là la fleur des cancans et les médisances dans toute leur fraîcheur.

On m'a souvent interrogé sur la fameuse question du fez vissé sur la tête, comme tenue générale dans ces réunions. Je répondrai, à cet égard, que chacun était poli ou Turc, *ad libitum*, on n'y faisait pas attention, et l'on n'avait pas besoin, pour se couvrir, d'alléguer un rhume de cerveau.

On ne se contentait pas de bien dîner, de bien caqueter, de bien danser, dans ces réunions, on tenait encore à y perpétuer le souvenir des whis- tapez animés, dans lesquels les cartes avaient fini par se brouiller (ne pas prendre la chose dans le sens métaphorique), et les abat-jour par quitter leur place habituelle pour venir se placer, par je ne sais quel phénomène, sur la tête des joueurs ; après quoi, l'on se séparait pour se répandre un peu partout.

Et ce que je ne saurais oublier de recommander à l'attention spéciale du lecteur, c'est la mar- quise, la marquise donnant sur la rue Laffitte, où venaient bayer à la lune pendant des heures en- tières, au risque de se démonter la mâchoire, les nombreux admis, toutes les... Momies hargneuses *urbi et orbi*, afin de faire savoir au peuple pari- sien qu'*ils en étaient*, et que nul n'en ignorât.

Définition de la Momie hargneuse :

Agé entre trente et quarante ans, et au-dessus ; port gourmé ; âme servile ; morale simple et car- rée, que résument deux seuls mots : la raison du plus fort, le droit du plus heureux ; philosophie non moins simple, égoïsme à outrance ; hier, culte de... l'autre, du grand petit homme ; aujourd'hui, adoration de l'*auri sacra fames*; haine implacable à la jeunesse, à tout ce qui demande vie et liberté, à tout ce qui crie indépendance ; haine à tous les hommes de cœur et de courage, haine à toute la descendance de Brutus et de Guillaume Tell.

Marasme et abrutissement, voilà, en somme, toutes les aspirations de la Momie hargneuse.

Elle est répandue dans les cinq parties du monde : à Vienne, en Turquie, à Saint-Pétersbourg, Rome, Paris, Madrid, Londres, Genève, en Égypte, à Bruxelles, Berlin, etc.

Elle emploie ses loisirs à médire, ou à lire les organes de la presse tapageuse. J'ai nommé particulièrement, en France, le *Pays*, — les immondes élucubrations de la famille Cassagnac, père et fils.

On l'a vue très-assidue aux menus officiels et soirées de la rue Laffitte, d'où le jour seul pouvait l'éloigner, à la rescousse des causeurs et causeuses, des danseurs et danseuses, des joueurs et joueuses dénommés plus haut, — des estomacs fatigués, de gens qui avaient des chagrins domestiques, ou qui ne pouvaient réussir à en donner aux autres.

Pendant ce temps, le commun des Turcs suait la misère à Constantinople et dans tout l'empire ottoman !

Ce qu'il y avait encore de bon en Turquie avant l'époque dont nous nous occupons, c'est que les incidents politiques se vidaient au fur et à mesure qu'ils se produisaient. « Hier, c'était la question crétoise qui nous préoccupait, — annonçaient ses journaux; maintenant que la voilà à peu près terminée; — grâce à Mahomet! — c'est au tour de la question roumaine. Il nous parvient de nombreux détails sur la formation de groupes insurrectionnels en Roumanie et sur des désordres qui auraient eu lieu dernièrement le long des rives du Danube. Ces troubles paraissent être le fait de meneurs bulgares soudoyés par la Russie. — Malgré l'état de gêne où se trouve le gouvernement, on ne continue pas moins à déployer la plus grande activité dans nos ports militaires. Les affaires ne vont pas très-bien, elles ne vont pas très-mal, mais elles vont. C'est une amélioration. Ce brillant *statu quo* nous permettra d'espérer encore de beaux jours pour notre pays. »

Tel était, dans son ensemble, l'état de l'empire ottoman avant les événements actuels. Comme on voit, il n'y avait pas le plus petit *point noir* à l'horizon.

Survient la révolution du 30 mai, et tout change du jour au lendemain. La Vieille-Turquie cède la place à la Jeune-Turquie. L'homme que celle-ci avait mis à sa tête était, témoin pour commencer l'aventure de la nuit du 15 au 16 juin, capable de tout pour se maintenir au pouvoir. Au fond, ce n'était guère qu'un piètre personnage; mais, comme tous les chasseurs d'expédients, c'était un hardi coquin ou un vil ambitieux, — peut-être était-il l'un et l'autre. — Comme Richelieu a régénéré la France, il voulait régénérer la Turquie, lui rendre sa splendeur passée, l'élever au rang des grandes nations. Par conséquent, il devait, avant tout, l'éclairer, lui donner des institutions conformes aux besoins de la politique qu'il avait rêvée, et, pour cela, la mettre à hauteur des progrès de notre époque : ce qu'en son temps, comme on sait, a fait chez nous Richelieu.

Ce grand homme vint, ce prince de l'Église, ce grand ministre, ce grand général, qui, voyant un jour que la Rochelle lui résistait et que la courageuse ville ne pouvait tomber sous les coups d'un bras humain, jeta autour de ses flancs un bras de granit, et l'écrasa sous cette formidable étreinte.

Cet homme, précurseur de nos grands justiciers de la Révolution, fut conduit, par la fortune de la France, aux côtés d'un monarque peureux et chétif, fantôme impuissant, ombre mélancolique, qui ne savait que promener dans les longues galeries du Louvre son incurable tristesse et les remords du commencement de son règne, et qu'on était obligé d'enfermer de force dans la chambre de sa femme pour que la couronne de France pût avoir un héritier.

Cet homme, ce grand cardinal vit d'un coup d'œil la situation. Comprenant que le royaume se fondrait aux mains de ce lugubre monarque comme cire au soleil, il chargea sur ses robustes épaules ce fardeau qui étouffait Louis XIII, et, quoi qu'on en puisse dire, de quelque manière qu'on veuille le juger, agrandit la France, la sauva plus d'une fois, et prépara d'une terrible et sanglante façon la grande œuvre de l'émancipation du peuple par l'anéantissement de la féodalité.

Est-ce là le guide que pouvait se flatter d'avoir suivi celui que, à peine en possession du pouvoir, l'on a vu dépêcher en toute hâte les bachi-bozoucks en Bulgarie, en Bosnie et dans les Balkans pour y commettre les massacres que l'on sait?...

Entre autres écrivains qui ont stigmatisé ces massacres et leurs auteurs, sous cette rubrique : *L'Angleterre et la Turquie*, M. Camille Pelletan, du *Rappel*, a tracé, le 4 août, le véridique tableau suivant de la conduite tenue par l'Angleterre *officielle* en présence de toutes ces atrocités :

« Quelle belle chose que la politique monarchique selon la vieille école !

« Il y a un pays où l'on *suicide* les princes déposés, où l'on éclaircit le ministère à coups de revolver, où des brigands massacrent les populations inoffensives, incendient les villages et coupent les petits enfants en morceaux. Tandis que des millions de chrétiens y sont la proie de hideux scélérats, sur le trône l'imbécillité succède à l'imbécillité ; on y voit monter brusquement des souverains hébétés, en qui la plus abrutissante des religions, l'épuisement précoce du harem, les précautions jalouses du despotisme, ont laissé si peu de l'homme, que le poignard, le lacet et les ciseaux n'y trouvent presque plus rien à faire.

« Cela se passe au XIXe siècle, et cela dure. Non pas que ce régime d'ineptie et de crime soit fort ; mais il est protégé.

« Oui, il y a des hommes puissants dont le concours est acquis au massacre, au viol, à l'incendie, à l'habitude pittoresque de couper les enfants en morceaux, à la tradition qui fait d'une brute éprouvée le maître absolu de plusieurs millions d'hommes. Ces hommes puissants ont fait cette triste besogne de cacher ces crimes le plus longtemps qu'ils ont pu, et de soutenir le pouvoir qui a déchaîné les bandits qui les ont commis. Qui sont ces complices ? Des scélérats ? Non, les plus honnêtes gens du monde, — d'après les idées reçues.

« Ils appartiennent à un gouvernement respectable, celui de la reine-impératrice ; ils ont horreur de l'assassinat et du vol ; ils sont attachés aux libertés de leur pays, ils agissent pour la *grandeur* de l'Angleterre. Si la millième partie de ce qui se produit en Turquie se passait sur leur territoire, leur indignation n'aurait pas de bornes.

« Mais quoi ? C'est une affaire de position géographique. Ce qui serait de la complaisance pour des crimes commis en Angleterre, devient de la haute politique dans les Balkans. C'est ainsi qu'empoisonner un homme sur les bords de la Tamise est un forfait digne de la hart, mais empoisonner un peuple dans l'autre hémisphère et le contraindre par la force des canons à se laisser empoisonner... cela s'appelle tout simplement *protéger le commerce anglais.*

« Nous avouons n'avoir pas l'esprit assez ouvert pour saisir ces profondes distinctions. Quand nous voyons un ambassadeur anglais, mêlé, dans une mesure qu'il est difficile de préciser, aux drames de Constantinople, quand nous entendons un ministre de la reine-impératrice faire tous ses efforts pour laisser planer le doute sur les massacres odieux dont la Bulgarie est le théâtre, nous avons peine à nous dire : « Tout cela est de la « diplomatie ; le crime cesse d'être le crime, et le « massacre peut être encouragé sans honte. » Et nous ne parvenons pas à admirer ces aristocraties libérales, chrétiennes et éclairées, qui comprennent de cette façon le rôle de leur pays. »

La vérité est qu'une partie de l'Europe se trouve, par le même procédé, dans un état des plus prospères. Dans les pays où fleurit ce procédé fleurit le progrès. Les souverains de ces pays exploitent leurs peuples au nom de la civilisation ; ils les volent, ils les pillent au nom de la religion ; ils les tuent, ils les égorgent au nom de l'humanité. Cette civilisation est admirable, tout le monde doit lui rendre cette justice. Elle a atteint un haut degré de perfectionnement. Ses effets sont merveilleux, aussi bien au physique qu'au moral...

Quoique je n'eusse pas l'intention de m'étendre sur ce sujet, je crois pourtant utile d'appeler en passant l'attention du lecteur sur une des *nécessités* de la civilisation en question, sur celle qui joue le plus grand rôle dans la vie des peuples. Je veux parler de la *guerre*.

« L'empire, a dit Napoléon III, c'est la paix. » Plus tard, cet honnête homme ajouta : « L'histoire des guerres, c'est l'histoire des progrès de la civilisation. » Ce qui, pour tous ceux qui connaissent la pensée du célèbre monarque, signifiait : « la guerre c'est le progrès. » Or, si la guerre est le progrès, il faut nécessairement admettre, à moins d'être illogique et aveugle, que la paix c'est la décadence. Or, l'empire, comme on vient de lire plus haut, c'était la paix. Donc, l'empire c'était la décadence. — Rien n'est plus logique ni plus vrai, comme on voit.

Le lecteur comprend très-bien cela, je n'en doute pas. Seulement, j'ai peine à m'expliquer que la civilisation, qui se glorifie d'apprendre aux hommes à s'aimer les uns les autres, à être de bons citoyens, puisse en même temps leur montrer à devenir d'honorables assassins et d'honnêtes filous... Que de mystères de ce genre on n'a pas rencontrés inaccessibles à l'intelligence du commun des mortels!

Ces singularités, d'ailleurs, n'ont modifié en rien l'opinion des *bons frères* de Napoléon III au point de vue de l'influence que les guerres exercent sur la grandeur d'un peuple. A leur sens, la guerre continue d'être une chose indispensable à toute nation *civilisée* ou qui veut le devenir. C'est toujours la plus noble source de la gloire, — n'en déplaise aux moralistes qui flétrissent la guerre parce qu'elle est contraire aux lois de la religion et de l'humanité !

« Ce ne sont pas les moralistes, disent les monarques, qui nous aideront à nous dépêtrer des embarras que nous cause ce que les peuples veulent bien appeler le *Principe des nationalités*. Leur morale n'a que faire ici, après tout. L'époque des moralistes est passée !

« Nous vivons dans le siècle des canons rayés, des fusils à aiguille, des balles explosibles, du picrate de potasse, des torpilles électriques... Soyons donc de notre siècle ! Ne nous arrêtons pas à ces préjugés, à ces craintes chimériques qui ne sont plus de mise par le temps qui court. Abandonnons-nous, au contraire, aux grandes idées du jour; chassons de notre esprit nos rêves pacifiques, entourons-nous d'hommes susceptibles de quelque dévouement et dignes de nous seconder dans la haute mission que nous avons juré de remplir ; affirmons hautement notre programme, et tous ces obstacles qui se dressent à nos yeux comme autant de fantômes s'évanouiront devant un souffle de notre auguste volonté. Surtout, pénétrons-nous bien de cette vérité : c'est qu'actuellement il est moins glorieux pour un souverain de savoir gouverner ses sujets avec sagesse que de savoir les détruire avec méthode. »

Voilà le progrès, ainsi que l'entendait Napoléon III, ainsi que l'entendent les princes européens. Ils l'ont si bien compris qu'ils se croiraient humiliés, déshonorés, s'ils ne payaient pas de leur côté ce tribut à la civilisation. Ce sacrifice leur est d'autant plus commode qu'il ne leur coûte également ni un sou ni un cheveu de leur tête. Ce sont toujours leurs sujets qui font les frais de leur générosité. Aussi ne trouvent-ils rien de plus charmant ni de plus économique que d'amuser leurs talents à se perfectionner dans l'art militaire. Cette étude est devenue pour eux, comme pour le grand petit homme, l'objet d'un véritable amour. Il n'en est pas un qui n'ait pas au moins inventé, pour sa part, deux ou trois engins de destruction, — et tous plus merveilleux les uns que les autres. Ces passe-temps

semblent ne tendre qu'à un but : la destruction des
races qui ne se tiendront pas à la hauteur des in=
ventions et des connaissances de l'art militaire
moderne. La guerre n'est plus à cette heure qu'un
progrès dans la barbarie; c'est-à-dire une marche
rétrograde de l'œuvre vraiment civilisatrice, — un
pas en avant vers une sauvagerie qui, loin de gran=
dir l'humanité, risque de changer désormais son
histoire en un long martyrologe, en une hideuse
nomenclature de bourreaux et de victimes. C'est
ainsi que MM. les monarques travaillent aujourd'hui
au bonheur et à l'indépendance de leurs peuples !

Petits princes, videz vos débats entre vous ;
De recourir aux rois vous seriez de grand fous.
Il ne les faut jamais engager dans vos guerres,
          Ni les faire entrer sur vos terres.

Comme le lecteur peut en juger par ces quelques
exemples, cette intelligente manière de concevoir
la civilisation permet aux princes européens d'arriver à des résultats prodigieux. Cela, entre temps,
ne les empêche pas d'user du moyen qui consiste
à prendre les difficultés par la queue. Ce système,
qui me paraît plus prudent, peut s'appliquer à
toutes choses, — surtout à la politique. Le grand
petit homme s'en servait souvent, je devrais dire
à chaque instant. S'il ne lui permettait pas toujours
de renverser un obstacle aussi rapidement qu'il le

désirait, il lui offrait du moins l'avantage de le tourner avec adresse et d'en venir à bout petit à petit.

Ainsi, en 1855, à en croire l'auteur des *Lettres tartares* [1], lorsque la Russie était obligée de disséminer ses forces au nord et au midi de la Crimée pour faire face aux attaques simultanées de l'Angleterre, de la Turquie, de la France et du Piémont, l'honnête Napoléon III aurait très-bien pu saisir cette occasion pour lui porter un coup terrible; il n'aurait eu, pour cela, qu'à faire pénétrer une armée au cœur de l'empire russe. Eh bien! non, pour plus de prudence, il aima mieux voir ses soldats, *sa chose*, geler sur place. Cette savante stratégie lui permit de laisser 100,000 hommes sur le champ de bataille et de prendre la moitié de Sébastopol au bout de dix-huit mois de siége. Le résultat final ne fut pas moins brillant, on le connaît : Sébastopol fut démantelé et les eaux de la mer Noire furent interdites à la flotte russe. Ce qui, on sait, n'empêcha pas Sébastopol d'être bientôt reconstruit et les bâtiments russes de se promener sur le Pont-Euxin comme par le passé. Mais l'honnête Napoléon III s'occupait de cela comme du roi d'Araucanie! Il était arrivé à son

---

1. *Lettres tartares.* — *Correspondance secrète d'un ambassadeur pour servir à l'histoire du second empire*, par Junius. Chez E. Lachaud, éditeur, 4, place du Théâtre-Français.

but; il était parvenu à marcher sur le petit doigt de pied de son adversaire ; voilà l'important! Sa gloire était satisfaite.

En 1859, rien ne lui eût été plus facile que de trancher d'un coup le nœud de la question italienne. L'occasion s'était présentée à lui, on ne peut plus belle. Seulement, il eût fallu se risquer un peu ; comme ce n'était pas dans son caractère, il préféra, toujours par raison de sûreté, envoyer son armée faire des prodiges de valeur sur les bords du Pô. Il est vrai qu'il réussit ainsi à se faire détester des Italiens et à mettre sa politique dans la plus fausse position qu'on puisse imaginer.

Eurent lieu, en 1860, cette campagne de Chine dont le principal mérite fut de dresser d'une façon à jamais mémorable l'inventaire du *Palais d'Été* du fils du Ciel [1], et de vaincre un peuple armé

---

1. A ce sujet entre autres, voici un passage des *Souvenirs de M. de Negroni*, relatifs à la prise et à l'incendie de ce palais. L'auteur est capitaine démissionnaire, chevalier de la Légion d'honneur et propriétaire d'une riche collection dont il a été fort parlé.

« ... La tranquillité s'était rétablie sur notre gauche, dit M. de Negroni, je pensai de suite à m'emparer de l'aile du château, de laquelle on pouvait tirer sur nous impunément. Je donnai l'ordre à quelques voltigeurs armés de me suivre, et moi-même en tête, revolver à la main, je me rendis maître de cette position dangereuse; l'aile était profonde, il y avait des enfilades d'appartements de tous les côtés; vivement je cherchai à occuper les points qui donnaient accès sur nous; lorsque, dans une demi-obscurité, j'aperçus

d'arbalètes et de fusils à mèche ; en 1864, cette campagne du Mexique dont les résultats furent si brillants qu'on n'ose même pas les avouer.

En 1866, l'honnête Napoléon III aurait pu, comme

des femmes qui fuyaient dans la direction du joli pavillon que j'avais remarqué en arrivant.

« Je les tenais ! Elles étaient mes prisonnières !

« Dans un clin d'œil, je plaçai mes hommes, qui n'avaient rien vu, dans les allées de droite et de gauche, et, avec la promptitude militaire, je m'assurai qu'elles ne pouvaient pas sortir par la grande cour tenant toute la largeur de l'aile ; aussitôt, accompagné de mon ordonnance seul, je me dirigeai du côté où elles avaient disparu. Après quelques secondes, j'étais en présence de quatre jeunes femmes, courant effarées dans des appartements somptueux, en proie à une frayeur délirante. Elles cherchaient un refuge leur manquant partout ; elles s'arrêtèrent à bout d'espoir, et à genoux, dans l'humble attitude de la supplication, elles frappèrent la terre de leur front.

« Une seule restait debout, semblable à une belle statue, — on aurait dit que ses grands yeux me regardaient et ne me voyaient pas. — Interdit, troublé par tant de majestueuse beauté, je crus voir un être céleste, un ange du séjour des heureux ! Elle était vêtue d'une robe de satin jaune impérial, brodée d'or ; par-dessus, elle portait un léger manteau en crêpe de Chine, fond rose, bordé d'un cachemire blanc, tout parsemé, tout constellé de pierres précieuses splendides ! Sa coiffure d'un vert tendre était garnie de jolies perles pendantes sur les côtés ; elle ne lui couvrait que le haut de la tête, d'où s'échappait une forêt de cheveux noirs aux reflets voluptueux, à peine retenus dans une résille d'argent. — Quelle admirable créature !... Quelle charmante prisonnière !

« Je lui fis comprendre, en mauvais chinois, accompagné de mon meilleur sourire et d'autres signes démonstratifs, que j'étais disposé à la sauver, mais qu'il fallait se hâter ; qu'elle pouvait, du reste, compter sur moi, en se confiant à ma générosité ! Alors, l'impératrice-favorite, car c'était

en Italie, débarrasser la diplomatie européenne du *point noir* qui a le plus contribué à obscurcir l'horizon politique : la question d'Allemagne. Mais non !... Au lieu de la prendre par la tête, il trouva

elle ! comme réveillée par un songe affreux, mit convulsivement sa jolie main sur mon épaulette, et d'un pas précipité me conduisit au fond du parc, près d'une petite grille qu'une de ses suivantes ouvrit aussitôt. — Il était nuit... La lune roulait pure, comme une perle au ciel bleu... L'idolâtre princesse la contempla avec une émotion visible... — C'était pour elle le séjour des âmes et des esprits protecteurs !... Elle prit ensuite dans une cassette allongée, que portait une des dames, un objet enveloppé dans du satin, et d'un air angélique me l'offrit ; — puis elle me regarda avec la plus ineffable expression de reconnaissance, s'approcha toute divine, et dans une douce étreinte, ses lèvres royales imprimèrent sur mes lèvres un baiser dont ma bouche recueillit la suave rosée !

« Un instant après, je revenais machinalement sur mes pas ; mon ordonnance, en me voyant, me dit d'un air inquiet : — « Lieutenant, vous êtes souffrant ? » — Non !... C'était cet essaim de colombes fugitives, ce baiser embaumé, cette haleine parfumée, qui, comme un rêve, traversaient mon esprit !...

« A mon retour, je trouvai mes soldats autour d'un grand feu de bivouac, occupés à façonner militairement un superbe repas. On avait trouvé les cuisines impériales admirablement approvisionnées des choses nécessaires à la vie, conservées parfaitement dans des tonneaux remplis de glace : c'étaient des anguilles, des truites, des saumons, des crevettes, des chapons, des dindons truffés ; on voyait que la cour impériale du fils du ciel ne vivait pas toujours de nids d'hirondelles ni d'ailerons de requins. Il y avait aussi des vins de Champagne, des vins de Bordeaux, des fruits fondants, à la pulpe tendre, et des pâtisseries de toutes sortes, délicieusement apprêtées. Nous étions au comble de la félicité ; après une terrible journée de marche, le repos était déjà le bonheur. Le confortable ne gâtait rien.

plus sûr, pour se conformer à ses habitudes, de
la prendre par la queue, — ce qui lui procura le
plaisir de faire évacuer du Luxembourg 2 ou 3,000
Prussiens qui lui faisaient ombrage. Et pour ne

« Et, comme effet merveilleux, nous avions nos grands
feux de bivouac éclairant *à giorno* l'ensemble de ce palais
impérial, et se réfléchissant sur les eaux du lac en doublant
à l'infini tous les objets. C'étaient des traînées de feu, allant
mourir à l'horizon ; des palais, des hommes, des chevaux,
des canons, tout l'attirail de guerre se reflétant d'une manière fantastique sur la surface irisée du lac, — auréole
électrique dont chaque foyer était le centre. — Le Vésuve,
éclairant la nuit les rivages de Cumes, les îles et le vaste
bassin de Naples ; l'Etna enfin, versant sur la Sicile des tor-
rents de lumière volcanique, peuvent seuls donner une idée
du spectacle magique que nous avions sous les yeux.

« Minuit avait sonné, tout le monde était encore debout,
le canon grondait dans le lointain. Nos alliés, que nous avions
perdus, nous appelaient avec cette voix de tonnerre indiquant
la gloire ou la détresse d'une armée. Nos pièces répondaient
coup sur coup. C'était un bruit infernal ; les caissons d'artillerie traversaient au galop la chaussée du château pour se
mettre en communication avec les Anglais que nous pouvions croire cernés par la cavalerie tartare. Les officiers
d'ordonnance partaient dans toutes les directions. Enfin,
vers les trois heures du matin, le calme se rétablit ; chacun
se disposait à prendre un peu de repos.

« Seul alors, je m'éloignai pour examiner le mystérieux
présent.

« C'était une grande boîte ou coffre à bijoux en or, enri-
chie de grosses perles, de splendides saphirs, de rubis et
d'émeraudes, formant une mosaïque d'une richesse inouïe,
et renfermant une collection de pierres précieuses d'une
valeur immense ! — Noble souvenir de reconnaissance, digne
d'une grande souveraine !

« On comprendra que j'y tienne ! C'est une bonne fée
orientale qui me l'a donné ; il me semble encore la voir
disparaître, comme une sylphide s'évaporant dans l'immen-

pas être en contradiction avec lui-même, il permit un peu plus tard à 40 millions d'Allemands de s'établir sur les bords du Rhin, — ce qui lui procura cet autre plaisir de se faire donner par la Prusse le plus sanglant soufflet qu'il eût jamais reçu.—Était-ce assez admirable de couardise et de subtilité !

L'année 1870 débuta plus brillamment encore. La civilisation napoléonienne, comme pour atténuer les rigueurs de l'hiver, eut à cœur d'envoyer aux Français, dès le mois de janvier, ses douces et bienfaisantes lumières.

Les Bonaparte ou Buonaparte ou Bouanaparte, — on n'a jamais su au juste ; — les Bonaparte, toujours d'après l'auteur des *Lettres tartares*, établissaient, à Auteuil, une boucherie où ils assassinaient en plein jour. Les limiers de la préfecture de police défendaient *unguibus et rostro* les honnêtes traditions impériales. Ainsi qu'à Rome où, lorsque régnait le pape-roi, ce... semeur de pardons infinis, comme l'a baptisé Victor Hugo après Castelfidardo, l'Église, ayant horreur du sang,

sité des cieux !.... Que sera-t-elle devenue ?... Mon Dieu ! J'ai la douce consolation de croire qu'elle n'a pas été du nombre des malheureuses dames qui, ayant été abandonnées par la fuite précipitée de l'empereur, ont cherché et trouvé la mort au fond des étangs et des lacs merveilleux du palais, où elles dorment à jamais à l'ombre des lotus et des nénuphars en fleurs.

« Je ne fermai pas les yeux de toute la nuit. »

le condamné était... tombé, *ammazato*, ainsi le gouvernement, en France, non content de voler ses administrés — plus ou moins légalement, — leur inoculait l'amour de son administration à coups d'assommoir...

Les Français sont à peine au mois de mai, et la politique impériale est déjà en pleine floraison! Leurs premiers magistrats montent de faux complots pour sauver la France et le trône vermoulu de leur honorable maître. Leurs hommes d'État couronnent l'œuvre impériale par un escamotage universel. Leur respectable souverain, grâce à son initiative, est parvenu à faire de son pays une véritable forêt de Bondy. Tout cela était le prélude de quelque grand événement. Une ère nouvelle allait s'ouvrir pour la civilisation.

L'Europe, continue de nous apprendre à ce sujet Me Junius, l'auteur des *Lettres* précitées, le révélateur, ainsi que j'ai dit, de toutes ces turpitudes, — l'Europe offrait en ce moment un spectacle comme elle n'en avait jamais donné.

Les Espagnols étaient en train de rééditer en grand la fable des *Grenouilles qui demandent un roi*. Ils étaient dégoûtés de Prim que les dieux leur avaient donné en guise de soliveau. Ils attendaient que Jupin leur envoyât, comme aux grenouilles de la fable, une grue qui les croquerait, les tuerait et les goberait à son plaisir...

L'Italie était en pleine folie. A travers la robe de clinquant dont elle avait soin de revêtir sa politique déloyale, elle laissait entrevoir sa misère et sa débauche.

La Turquie, déjà agonisante, se débattait sous les talons de l'empire moscovite.

En Russie, le progrès ne faisait que croître et embellir ; il y fleurissait comme la liberté en Sibérie, à l'ombre du knout et des instruments recommandés par une civilisation bien entendue. — La langue polonaise était désormais prohibée en Pologne. — On annonçait que vingt-cinq Polonais, — retour de Sibérie, — venaient d'être arrêtés à Varsovie, et condamnés à cent coups de bâton pour avoir crié : *au feu!* en langue polonaise. On espérait beaucoup en ce genre de civilisation. L'armée était complétement réorganisée ! On travaillait à remplir les arsenaux. Les affaires étaient à la paix.

L'Angleterre, cachant ses perfides desseins dans les replis de son ingratitude, épiait le moment où elle pourrait se vautrer dans les dépouilles de ceux qui l'avaient sauvée en Crimée.

L'Autriche, le Danemarck, la Hollande et la Belgique râlaient sous le poids du boa germanique qui les enserrait et les étouffera fatalement un jour.

Le roi de Prusse, qui ressemblait assez peu du reste à l'infortuné Louis XVI, s'adonnait de son côté aux douceurs de la serrurerie politique. Il employait ses petits talents à forger le trousseau de clefs à l'aide desquelles il espérait forcer, crocheter la porte et le coffre-fort des États dont il avait rêvé l'annexion. Son chef d'atelier, qui était déjà un fin compère, n'attendait qu'une occasion favorable pour montrer à l'Europe ébahie que le vol et le brigandage devaient entrer largement désormais dans les traditions de la politique moderne.

Enfin, en France, l'honnête organisateur des échauffourées de Boulogne et de Strasbourg, ainsi que de cette petite fête nocturne dont le monde a gardé de si touchants souvenirs, — le petit grand... pardon! le grand petit empereur terminait une comédie dynastico-politique dont on disait beaucoup de bien. L'élaboration de cet important ouvrage, qui avait pour titre : L'EMPIRE C'EST LA PAIX, se faisait difficilement; mais les fournisseurs brevetés avec garantie du gouvernement prétendaient que, comme mise en scène, il ne laissait rien à désirer. On parlait déjà d'une guerre avec la Prusse! Était-ce là par hasard le dénoûment de la bouffonnerie à laquelle Sa Majesté travaillait depuis plus de dix-huit ans?...

La guerre, il est vrai, n'était pas encore déclarée.

« — Mais, se disait Mc Junius, du moment où le ministère des *honnêtes gens* affirme que les négociations entamées avec l'Allemagne amèneront la paix, nous devons précisément croire le contraire. D'ailleurs, l'empereur éprouve plus que jamais le besoin d'accroître son prestige ; il sent que le pouvoir lui glisse entre les mains ; il a besoin de recouvrer sa force, son autorité ; il a besoin de régénérer son empire qui tombe... en pourriture. La guerre est donc imminente. C'est une faute assurément, car il est difficile, même à un homme qui a droit de vie et de mort, de rendre à la santé un corps gangrené jusqu'à la moelle ; mais, comme toutes les fois qu'il s'est présenté une occasion de commettre des turpitudes, le gouvernement impérial s'est empressé de la saisir, on peut être sûr que cette fois encore, il aura l'esprit de ne pas faillir à ses excellentes habitudes. »

En effet, il n'y a pas failli. Comme l'on sait, le chevaleresque empereur se laissa choir à Sedan, après des *prodiges de bravoure*. Le 4 septembre arriva. La République vengeresse sortit de son linceul plus vivante que jamais. La bande d'aventuriers du grand petit homme, pour se soustraire à l'ovation que les Parisiens *reconnaissants* leur réservaient, s'enfuit à toutes jambes, et ainsi finit l'*empire libéral* sur lequel avait reposé tant d'espoir !

Pour en revenir à l'homme que la Jeune-Turquie avait mis à sa tête, je n'ai pas été étonné de lui voir adopter la même marche gouvernementale afin de régénérer l'empire ottoman, de lui rendre sa splendeur passée et d'en faire d'un empire déchu un empire digne de figurer de nouveau au rang des grands empires, — si toutefois c'était là son but. De la manière dont il a débuté, on osait présumer qu'il saurait s'inspirer de nobles exemples des hommes du 2 décembre et de la capitulation de Sedan. La route est si belle! Il pouvait la suivre... Son insistance à l'y voir entrer ne pouvait avoir d'égale que son impatience à faire sortir l'empire ottoman de l'humiliation où il est descendu. C'était là, en effet, qu'il fallait qu'il dirigeât désormais tous ses efforts. Or, dans la conviction que son Sublime-Khan chercherait de son côté à les rendre féconds, il avait pris la permission de soumettre à ses réflexions le principe suivant : « Dans un pays qui sait vivre, le souverain est fait pour commander, et le peuple pour obéir. »

— Ce principe est de la plus haute importance, avait-il dit à Sa Hautesse. Vous aurez souvent à en faire l'application. Je vous le recommande d'une façon toute spéciale; car il doit former une des bases essentielles de ce que, dans les pays civilisés, on nomme *Constitution*.

2.

On n'a pas oublié, à ce propos, la signification que la politique impériale donnait à ce mot : « La Constitution, c'est la sécurité du monarque, c'est l'inviolabilité de son pouvoir, c'est la souveraineté de son gouvernement. »

En sa qualité de *sadrazam*, S. A. Midhat-Pacha avait donc introduit dans la nouvelle Constitution turque des principes favorables à ses projets[1]. Il

---

1. Cette Constitution contient en substance, comme on sait, les dispositions suivantes :

Indivisibilité de l'empire, le sultan, calife des musulmans et souverain de tous les Ottomans. Ses prérogatives sont celles des souverains constitutionnels de l'Occident.

Les sujets de l'empire sont appelés Ottomans ; leur liberté est inviolable.

L'islamisme est la religion de l'État, sans aucune autre distinction ni caractère théocratique.

Les priviléges religieux des commuautés et le libre exercice de tous les cultes sont garantis.

Liberté de la presse, liberté de l'enseignement, instruction primaire obligatoire, droit d'association, droit de pétition aux Chambres, égalité de tous devant la loi, admission aux fonctions publiques sans distinction de religion, répartition égale des impôts, leur perception en vertu d'une loi, condition *sine quâ non*.

La propriété est garantie; le domicile est inviolable. Les attributions des tribunaux définitives : nul ne sera distrait de ses juges naturels. Audiences publiques, droit de défense reconnu. Publication des jugements. Le ministère public n'a aucune ingérance dans les affaires judiciaires. Les confiscations, les corvées, la torture, la question sont abolies.

Responsabilité ministérielle. Les ministres accusés par la Chambre sont jugés par la haute cour, composée des sommités judiciaires et administratives.

Les fonctionnaires ne peuvent être révoqués sans un motif légitime. Leur responsabilité est maintenue.

avait — l'échec, la non-réussite de l'intervention collective de l'Europe à Constantinople, ainsi que la
découverte du complot qu'il a organisé pour renverser Abdul-Hamid et le remplacer par Mourad, l'ont
prouvé surabondamment [1] — il avait assuré d'abord
en sous-main son pouvoir, ensuite celui du padi-

Le fait d'avoir reçu des ordres d'un supérieur ne les en
dégage pas si ces ordres sont contraires à la loi.

Deux Chambres sont instituées, celle des députés et le
Sénat.

La session est ouverte par un message du sultan.

Liberté de voter et d'émettre ses opinions. Mandat im-
pératif interdit.

L'initiative des lois appartiendra aux ministres et à la
Chambre des députés.

Les lois soumises à la Chambre et révisées par le Sénat
reçoivent la sanction impériale.

Le Sénat a le droit de rejeter les lois contraires à la Constitution et de les renvoyer à la Chambre.

Inviolabilité des députés. La Chambre vote les lois par
article et le budget par chapitre. Inamovibilité des juges et
des fonctionnaires.

Formation d'une Cour des comptes. Ses membres sont
inamovibles, sauf la décision de la Chambre.

Cette cour présentera à la Chambre, à la fin de chaque année, une comptabilité financière complète. Administration
provinciale établie sur la plus large base de décentralisa-
tion. Création de conseils généraux et municipaux, etc.

Aucune modification ne peut être portée à la Constitution qu'après le vote de l'une et l'autre Chambre, sanctionnée
par le sultan.

1 On peut se rappeler qu'est toujours controversée la question de savoir si Midhat-Pacha a été renversé à la suite
d'une conspiration, s'il y a eu réellement complot de sa part,
ou s'il s'est agi d'un acte arbitraire du sultan en le bannis-
sant.

« Midhat-Pacha, » écrivait le 7 février écoulé le *Phare du*

schah ; il avait consolidé l'un pour le présent et garanti l'autre pour l'avenir, — ce qui, d'après l'école du despotisme, est le meilleur moyen de mettre une dynastie à l'abri des éventualités. Il devait donner également de l'extension au commerce, à la richesse publique, — ce qui devait lui fournir le moyen d'augmenter et les impôts et les dépenses de l'État turc régénéré de cette manière. Il devait développer d'autre part l'instruction des masses en y supprimant les éléments nuisibles à sa politique. Il devait instituer des lois qui permettraient les priviléges et favoriseraient le *fonctionnarisme*. Il devait encourager le luxe, le jeu, la spéculation et toutes choses éminemment propices à mettre en relief la splendeur d'un gouvernement. Enfin, à l'instar de la Russie et de l'Allemagne, il devait mettre la Jeune-Turquie sur un pied de guerre formidable et protéger le *militarisme*, — ce qui devait lui donner l'occasion d'établir le *système de paix armée*, si nécessaire à notre époque.

Voilà, selon les idées du jour, quel devait être

Bosphore, qui prenait très-activement la défense du sadrazam, qu'il déclarait la victime de menées anti-patriotiques, — « Midhat-Pacha représentait une grande idée : la régénération de l'Orient par l'Orient; et la disgrâce dont il est l'objet ne détruira pas l'affection que lui porte le peuple turc. La chute de Midhat est un triomphe pour la Russie, qui en prendra texte pour répéter à l'Europe que les Turcs sont incapables de toute réforme. »

l'objet des pensées et des efforts de l'homme que la Jeune-Turquie avait pris pour guide. Pour l'atteindre, la tâche n'était pas sans peines ni sans périls. Il a eu à lutter contre de nombreuses difficultés, à combattre bien des croyances, à surmonter bien des obstacles... Mais, aussi, quel orgueil pour lui quand, du haut de sa grandeur, il lui aurait été donné de contempler son œuvre !

On peut se souvenir à cette occasion que la Porte, outre les conditions de l'armistice que voulait lui imposer le cabinet de Livadia, avait déjà remis le 12 octobre aux ambassadeurs des puissances une note exposant les institutions dont le nouveau sultan était en train de doter l'empire ottoman.

Cette note, qui constituait la réponse indirecte de la Turquie aux propositions de l'Europe relativement à l'autonomie demandée pour la Bulgarie, la Bosnie et l'Herzégovine, pouvait se résumer comme suit :

« Une Assemblée générale, composée de membres élus par les habitants des vilayets et de la capitale, sera convoquée à Constantinople. Cette Assemblée, dont la session annuelle sera de trois mois, aura pour mandat de voter les impôts et les budgets de l'empire.

« Une autre Assemblée, dont les membres seront

nommés par l'État, sera investie, dans des limites restreintes et définies, des attributions d'un Sénat.

« Une Commission, instituée à la Sublime-Porte, sous la présidence de S. A. Midhat-Pacha et composée de hauts fonctionnaires musulmans et chrétiens, élabore en ce moment la loi concernant les détails relatifs à la constitution de ces deux grands corps d'État.

« Une autre loi, relative à la réorganisation de l'administration des provinces, assurera l'exécution des prescriptions contenues dans la loi en cours dans les vilayets, en étendant, dans une large mesure, les droits d'élection, et comprendra, en même temps, les réformes pratiques *qu'on a désiré voir introduire dans les provinces de la Bulgarie, de la Bosnie et de l'Herzégovine.*

« Les Conseils généraux des provinces auront le droit de veiller à l'exécution des lois et des règlements, et, pour ne pas laisser le pouvoir exécutif sans contrôle dans l'intervalle des sessions, des Conseils d'administration, tirant également leur origine de l'élection populaire, auront à expédier les affaires qui rentreront dans les attributions des Conseils généraux et à surveiller les agents de l'administration locale, de manière à ce qu'ils ne s'écartent pas des dispositions des lois et des règlements, et ne se laissent point entraîner à des actes arbitraires.

« En outre, il a été décidé d'améliorer le mode d'assiette et de perception des impôts, partout dans l'empire; d'imprimer aux Cercles municipaux tout le développement qu'ils comportent; de leur affecter une partie des revenus publics; en un mot, de faire passer dans le domaine des faits et de la vérité tous les progrès que peut procurer une organisation provinciale aussi complète que possible. »

Ce programme, qui a donné naissance à la nouvelle Constitution ottomane, solennellement proclamée le 23 décembre, le jour même de la réunion de la conférence plénière présidée par Sawfet-Pacha, promulgation qui a été considérée généralement comme un défi de la Turquie à la Russie, — ce programme, au dire des feuilles complaisantes, était excellent, et nul doute qu'il ne répondît aux vœux des puissances garantes, à une condition : c'était que la Turquie pût l'appliquer.

En effet, là était, est encore toute la question. — *To be or not to be!*

En attendant la solution dudit problème, supposé qu'elle existe, il serait curieux de voir les journaux turcs reproduire et apprécier de la manière suivante le premier discours du trône prononcé à l'occasion des soi-disant Chambres ottomanes à Constantinople :

« Une cérémonie solennelle et imposante vient d'être introduite dans nos mœurs publiques. Aujourd'hui, à une heure précise, le sultan, en grande tenue, accompagné des princes de sa famille, entouré de sa cour, de ses ministres et de tous les hauts dignitaires de l'empire, s'est rendu à la salle des États où il a prononcé, en présence des sénateurs et des députés, convoqués pour la première fois, le discours suivant :

. . . .

« Messieurs les Sénateurs, Messieurs les Députés, il y a bientôt un an que le peuple turc m'a confié la gestion de ses biens et de ses intérêts. A cette époque, il n'avait ni liberté, ni constitution, ni mœurs politiques. La création d'un Sénat et d'une Assemblée nationale eût été alors dérisoire. Mais, depuis, grâce aux nombreuses réformes que j'ai apportées dans notre politique, la Turquie s'est mise à la hauteur des progrès de la civilisation. Comme les grandes nations, elle a voulu se donner une Constitution : de là le besoin de fonder un Sénat ayant mission de veiller à l'observation des principes qui y sont contenus. Elle a réclamé des libertés : de là encore la nécessité de lui donner la facilité d'élire une Assemblée chargée de protéger ses intérêts.

« C'est donc à vous, Messieurs, qui êtes appelés à soutenir et à défendre ces nobles institutions, que je dois rendre compte de mes actes. Le discours que j'ai l'honneur de vous adresser aujourd'hui n'a pas d'autre but. Je viens simplement vous exposer le résultat de nos œuvres et solliciter en même temps votre approbation. (Bravos prolongés.)

« L'horizon politique est encore couvert de brouillards. Les efforts que j'ai tentés pour les dissiper ont produit des effets contraires à ceux que j'avais lieu d'espérer. Mes relations avec les puissances étrangères continuent d'être embarrassées ; cependant, notre *réis-effendi* (ministre des affaires étrangères) est en mesure de vous affirmer qu'elles n'ont jamais cessé d'être des plus amicales. (Très-bien ! très-bien !)

« On m'a reproché injustement d'avoir laissé un peuple voisin s'agrandir autour de nous. Si je ne m'y suis pas opposé, c'est que nos armées n'étaient ni assez fortes ni suffisamment organisées pour entrer en lutte. Cette intervention eût été maladroite et eût conduit le pays à des désastres certains. (Bravos.)

« Notre législation laisse énormément à désirer. Notre *musteschar* (garde des sceaux) vous fera bientôt connaître les très-intelligentes réformes que nous avons l'intention d'y introduire. Il aura ainsi l'honneur de soumettre à votre haute appréciation un projet de loi qui a pour objet de perfectionner autant que possible le système représentatif. (Très-bien ! Bravos.)

« J'ai le plus vif espoir que vos prochains travaux seront fructueux et me permettront d'accorder successivement au pays toutes les libertés dont il a besoin. (Très-bien !) Pénétrez-vous, je ne saurais trop vous le recommander, de nos grands principes constitutionnels et auxquels vous m'avez juré de rester fidèles. Qu'un libéralisme grand et éclairé vous inspire et vous serve de ligne de conduite. (Bravos.) Il ne suffit pas d'accorder des libertés à un peuple, il faut encore le mettre à même d'en profiter et lui donner la certitude qu'il les conservera toujours. Je veux donc l'indépendance des grands corps de l'État, qui sont les seules garanties de ses libertés et de ses intérêts. (Applaudissements.)

« Mon projet sur la nouvelle loi militaire, qui va vous être présenté sous peu, a jeté quelque mécontentement dans l'opinion. Mais les nécessités qui me l'ont inspiré vous sembleront tellement évidentes que je considère déjà votre vote comme lui étant acquis. (Très-bien ! très-bien !)

« Nos armées, puissamment organisées, sont toujours sur le pied de guerre. Le contingent nécessaire aux exigences du service excède de 100,000 hommes celui de l'année précédente ; et il ira toujours croissant, pour cette raison toute rassurante que les affaires, grâce aux excellents résultats de notre diplomatie, iront toujours en se compliquant. (Bravos.) Nos fusils sont perfectionnés et font merveille. Nos arsenaux sont archi-pleins et ne demandent plus qu'à être vidés. Notre garde nationale n'est pas encore armée, ni équipée, ni vêtue, ni chaussée ; mais ses cadres atteignent des proportions gigantesques. (Très-bien ! très-bien !)

« J'ai eu plusieurs fois l'occasion de faire la guerre et plusieurs fois je l'ai manquée, parce que nos ressources ne nous permettaient pas de braver encore nos ennemis. Aujourd'hui, vu nos armements formidables, je suis à même de vous affirmer que la Turquie peut faire face à toutes les éventualités et soutenir avec honneur la lutte que les progrès de la civilisation ne tarderont pas à faire éclater. (Applaudissements unanimes.)

« Nous avons réalisé d'importantes améliorations en ce qui concerne le commerce et l'agriculture. Depuis un an à peine, de grands travaux ont été accomplis ; plusieurs lignes de chemins de fer sont déjà terminées ; d'autres sont sur le point de l'être. Les grandes voies de communication ont pris une notable extension. Les chemins vicinaux ont été améliorés et augmentés. (Très-bien ! très-bien !)

« L'instruction des campagnes, je le sais, a été,

jusqu'ici, un peu délaissée ; mais, grâce à l'accroissement inévitable des impôts et contributions, le
budget ne nous permettra pas encore de satisfaire
aux vœux légitimes des populations rurales, qui
seront toujours pour le gouvernement l'objet de
la plus grande et de la plus vive sollicitude.
(Bravos.)

« A propos de budget, il me reste à vous dire
quelques mots du Trésor public. Nous avons déjà
fait quatre emprunts ; nous sommes en train d'en
contracter un dernier en France. Je ne puis
vous dire s'il sera aussi heureux que les précé-
dents. Toutefois, l'empressement du public français à répondre à l'appel du gouvernement turc
témoigne du légitime intérêt qu'inspire cette haute
entreprise, et donne lieu d'espérer, par conséquent, un nouveau succès. (Applaudissements.)

« La dette publique est d'environ 4 milliards.
C'est beaucoup, j'en conviens. Mais quand vous
mettrez en regard de cette somme, qui paraît
énorme de prime abord, la gloire que je vous ai
donnée et les résultats obtenus en moins d'une
année, vous ne vous étonnerez que d'une chose,
j'en suis sûr, c'est que tous ces progrès n'aient
pas coûté plus cher. (Très-bien ! Bravos.)

« Le gouvernement a commis de graves fautes,
je suis le premier à le confesser. Il a toléré de
nombreux abus, de nombreuses irrégularités, mais

s'il y a eu des irrégularités, vous les oublierez, je n'en doute pas, vous verrez mon œuvre, vous saurez en apprécier la grandeur et les effets. (Très-bien! très-bien!) Vous m'accorderez de nouveau votre confiance, vous me seconderez de vos efforts et vous m'aiderez à poursuivre avec ardeur l'accomplissement de l'œuvre civilisatrice que nous avons eu la gloire d'entreprendre ensemble. » (Applaudissements frénétiques et cris d'enthousiasme.)

« Des réformes par-ci, des libertés par-là, des promesses partout; tel est, diraient les journaux officieux, le résumé du discours impérial. Nous n'attendions pas autre chose de la générosité du sultan. Sa Majesté ne pouvait ni mieux dire ni se montrer plus magnanime. Ses ennemis seront obligés de lui rendre cette justice. Quant à nous, nous n'avons pas besoin de dire que ce discours, aussi ferme qu'éloquent, répond parfaitement aux aspirations de la nation et à nos désirs personnels. En attendant que nous puissions en faire une analyse complète, nous nous bornerons, pour aujourd'hui, à cette simple mais juste appréciation. Nous avons la profonde conviction qu'elle sera celle de tous les esprits sincèrement libéraux. »

J'avoue que j'en dirais tout autant si j'avais l'insigne bonheur d'être dans les bonnes grâces gou-

vernementales turques. Mais, en ma qualité d'op-
posant, voici ce que, à l'instar de l'auteur des
Lettres tartares à l'encontre de celui débité en pareille circonstance par le Khan de Khiva, je répon-
drais à l'encontre du discours qu'on vient de lire :

« Décidément, notre doux sultan cultive la gau-
driole avec autant de succès que le suffrage universel. Il y a quelques mois, il s'est plu à adresser à
son peuple une proclamation pour le remercier de
ses suffrages. Cette proclamation, dans laquelle le
ridicule le disputait au grotesque, était un chef-
d'œuvre de bouffonnerie. Aujourd'hui, il lui prend
fantaisie de réunir le Sénat et la Chambre des
députés pour leur raconter les boulettes qu'il a
faites depuis qu'il est au pouvoir!

« Nous ne savons si, dans l'intérêt de sa politique, il est absolument nécessaire qu'il nous fasse
part de ses augustes turpitudes; nous ne le croyons
point. En tout cas, nous pouvons lui assurer une
chose, c'est que si cela nous arrivait, nous ne nous
en vanterions pas, — encore moins irions-nous le
crier sur les toits.

« Mais il paraît que, dans les pays civilisés, les
gouvernements ne procèdent pas autrement. Lorsqu'un souverain a fait des bêtises et qu'il est forcé
d'en exposer le motif, il charge un de ses ministres
d'aller défendre sa cause devant l'Assemblée
nationale, et tout est dit...

« Attendons-nous donc un de ces jours à ce qu'un de nos ministres, quand on reprochera au sultan d'avoir gaspillé notre argent et qu'on le sommera d'expliquer les irrégularités qui se sont glissées dans son administration, vienne nous dire : Oui, il y a eu des irrégularités, on les oubliera, la postérité verra l'œuvre, elle saura en apprécier la grandeur et les effets.

« Cette phrase a été répétée presque mot pour mot par le sultan dans son discours. Désormais, à son exemple, les fils de famille, quand ils auront fini leurs études et dépensé en dettes le quart de leur patrimoine, pourront se consoler en se disant : Je vais écrire à mes parents que j'ai 15 ou 20,000 francs de dettes. Ils trouveront naturellement ma conduite un peu hétéroclite ; mais s'il y a eu des irrégularités, ils les oublieront, ils verront combien je me suis amusé ; je leur raconterai mes escapades et ce que j'ai fait pour soutenir dignement la réputation du nom de celui à qui je dois la vie ; ils verront mes œuvres, finalement ils payeront mes dettes, et le tour sera joué !

« Par la même raison, les pères de famille pourront se dire : J'ai gaspillé l'avoir de mes enfants, je ne trouverai pas facilement des maris à mes filles ; mais, aux prétendants qui se présenteront, je répondrai : Vous voyez, mes filles n'ont pas le sou, je ne leur ai laissé que des dettes ; en revanche, elles ont de la toilette et du *chic*... Ils verront mon œuvre, ils sauront en apprécier la grandeur et les bienfaits ; après quoi ils épouseront mes filles et solderont mes dettes.

« Notre *khasnadar* (ministre des finances) pourra dilapider à son aise notre argent ; puis, lorsqu'on lui demandera des comptes, il répondra à nos représentants : Messieurs, il manque cent millions dans ma caisse. Mais voyez ce que j'ai fait de mon ministère ? Draperies, tentures, écuries, salles de bain, de billard : rien n'y manque. J'ai tout agrandi, tout bouleversé... Si quelques abus se sont glissés dans mon administration, vous les oublierez en contemplant mon œuvre. Avec de pareilles raisons, on pourrait continuer ainsi jusqu'à demain... Ces motifs peuvent être excellents dans les contrées civilisées où tout ce que le gouvernement fait est bien fait ; mais, en Turquie, on aura de la peine à s'y habituer. Notre ignorance pourrait même bien ne pas s'en accommoder. »

J'aurais raison de parler de mon côté ainsi jusqu'à un certain point. Rien n'excuse le gaspillage ; et, quand un gouvernement a fait des bêtises, son meilleur parti est de n'en pas convenir. S'il ne le peut pas, il doit alors chercher à les défendre, non en disant des absurdités, mais avec ces arguments dont les vrais hommes d'État ne sont jamais à court.

Ce qui revient à dire, en d'autres termes, que la Turquie ne se civilisera jamais.

Tous les faits le démontrent, la lutte actuelle entre cet empire et ses populations slaves, populations si impatientes d'entrer dans le mouvement du monde moderne, qui y seraient déjà sans les ombrages de la vieille diplomatie du monde européen, — cette lutte est bien la lutte de ce qui veut vivre de la vie matérielle et intellectuelle contre ce qui meurt dans la haine de l'action et de l'effort, de ce qui progresse contre ce qui croupit : lutte, toujours, de la civilisation, libre des entraves du despotisme et de l'*auri sacra fames*, contre l'incurable barbarie ottomane, celle-ci attestée par tous les voyageurs, par tous les observateurs sérieux, niée seulement par les faiseurs qui, créanciers de l'homme agonisant, veulent faire croire à la vitalité de leur débiteur, et sacrifieraient toutes les revendications si légitimes des nationalités slaves à l'échéance d'un coupon !

— En présence de cette apathie incurable, — que faire ?

— Pas grand chose : refouler les Turcs en Asie, à Iconium, leur pays d'origine, d'où ils sont venus dans l'unique but d'asservir l'Europe, sans jamais vouloir prétendre à autre chose.

— Mais par qui les remplacer ?

3.

— Rien de plus aisé : par les nationalités chrétiennes dont ils occupent le sol et qu'ils mènent en esclaves.

— Combien sont-ils en Europe?

— 2,750,000, d'après les derniers recensements.

Sont en insurrection ou en guerre contre eux :

Les Bosniens	600,000
Les Bulgares	4,860,000
Les Herzégoviniens	300,000
Les Monténégrins	125,000
Les Serbes	1,338,500
Total	7,223,050

En présence de ce nombre, si j'avais été l'Europe, j'aurais laissé faire les Serbes, les Monténégrins, les Herzégoviniens, les Bosniens et les Bulgares, — et MM. les Turcs ne promèneraient plus à cette heure, dans les rues de Constantinople, leur air nonchalant et pénétré, — et MM. les Russes ne seraient pas à la veille de s'emparer de la ville des sultans, ce grand objet de tous leurs rêves depuis Pierre le Grand et Catherine II.

Cela nonobstant, à mon avis, les dénégations du prince Gortschakoff et Cie à lord Loftus à Livadia.

Mais cela ne faisait pas, continue de ne pas faire encore le compte de l'Europe occidentale, — il paraît!

Qu'elle le comprenne ou non, qu'elle le veuille ou non, ce qui doit être de la question d'Orient, cependant, sera! C'est la destinée des Turcs d'être refoulés en Asie. Quelque activité qu'ils déploient en ce moment, on sent au fond que leur entendement ne peut franchir certaines bornes, et qu'ils s'agitent en vain dans le cercle des habitudes tracé autour d'eux. Ce cercle d'ignorance et de fanatisme où ils croupissent, tôt ou tard, finira par s'ouvrir, et, bon gré mal gré, ils devront alors céder la place à des peuples plus dignes d'entrer dans le mouvement du monde moderne.

C'est ce que nous allons essayer de démontrer dans ce livre.

LA
TURQUIE DÉMASQUÉE

I

Mahomet et l'islamisme. — But du Koran. — Propagande
sanglante contre laquelle tente vainement de réagir la diplomatie européenne. — Lettre à l'appui qui n'a pas besoin de commentaire. — Une étrange erreur de la civilisation. — Manière d'être du général Ignatieff à Constantinople. — Ce que pensait l'auteur d'*Italie et Constantinople*
de l'invitation à la prière lancée par la voix des muezzins
du haut des minarets. — Ce qu'il a avoué et n'a pas avoué
à l'encontre des Turcs et de leur capitale. — Les massacres des Balkans ne sont point un fait isolé, mais le
réveil de la haine de tout un peuple. — Légende du
Djihâd ou guerre sainte des musulmans. — Tenants et
aboutissants. — Début et antécédents du général Ignatieff
dans la diplomatie.

Mahomet, on le sait, avait donné pour élément
de succès à l'*Islam*, à la religion qu'il fondait, le
Djihâd, le prosélytisme par les armes; la puissance du glaive ne lui fit point défaut, les progrès
de l'islamisme furent aussi immenses que rapides;
après avoir soumis l'Asie et une partie de l'Afri-

que, il menaça l'Occident, et il ne fallut rien moins que les forces combinées de la vieille Europe pour lui servir de barrière.

Cette guerre sainte, qui avait servi à le répandre, devait, on le conçoit, rester sa sauvegarde et sa défense. Mahomet l'avait léguée aux Califes, ses successeurs ; le Koran en fait l'objet de ses premiers, de ses plus puissants enseignements ; on pourrait dire qu'elle est l'essence même de la loi de l'Islam. Du jour où le mahométisme cesse d'envahir, il devient une lettre morte et entre dans une voie de décadence : témoin ces colossales puissances des Califes ommyades et abbassides, des Sultans seldjoucides et gaznévides, si vite fondées, si vite anéanties.

Le Djihâd a été la première expression de l'islamisme, il en sera la dernière ; aussi longtemps que les disciples de Mahomet posséderont un coin de **terre** pour donner asile à un chef et à quelques fidèles, le monde européen sera menacé de leur sanglant cimeterre ; leurs croyances, leurs traditions, leur bonheur éternel même sont attachés à cette propagande sanglante. Ennemi et rival de la croix, le croyant a pour but suprême de la combattre, de la briser en tous lieux. Vainement la diplomatie voudra-t-elle continuer d'user de ménagements et d'entrer dans la voie des alliances politiques, la foi des fidèles mahométans se soulèvera contre les calculs des souverains 1, et lorsque le Djihâd ne partira pas du palais des sultans, il saura trouver un écho attentif et sonore sur les montagnes et dans les vallées lointaines.

1. Témoin, par exemple, les lignes suivantes envoyées de Péra, le 10 août, à la *Gazette d'Augsbourg* :

« Les softas ont adressé à Midhat-Pacha une lettre qui n'a pas besoin de commentaire, et dont je vous envoie ci-joint la traduction littérale :

« Excellence,

« Dans la réunion où a été proposée une Constitution avec une représentation nationale, on a cru devoir soutenir cette proposition en citant un verset du Koran, qui est ainsi conçu : « Ne faites pas de mal et cherchez toujours le bien.» A notre sens, il serait plus exact de citer ce verset : « Soyez « frères dans la même race. » Nous citerons encore un autre verset ainsi conçu : « Celui qui ne regarde qu'une partie du « Koran et qui ne regarde pas l'autre partie mérite d'être « misérable dans cette vie et d'être châtié dans l'autre.» Nous ne voyons nullement en quoi nous avons besoin d'une Constitution ou d'une Assemblée nationale, et nous ne pouvons, en aucun cas, accepter une telle institution.

« Nous avons soumis les chrétiens et conquis le pays avec l'épée, et nous ne voulons point partager avec eux l'administration de l'empire, non plus que les laisser prendre part à la direction du gouvernement.

« On a décrété l'égalité des chrétiens avec les musulmans ; c'est un décret du sultan, sur lequel il y aurait beaucoup d'observations à faire ; mais nous ne les ferons pas. Quant à la participation des chrétiens au gouvernement, c'est une impossibilité. Nous devons le déclarer bien haut.

« Les autres pays, tels que l'Angleterre, la Russie et la France, ne laissent pas leurs sujets mahométans, Tartares, Hindous, Arabes, prendre part au gouvernement.

« Ce que les autres ne font pas et ne sont pas non plus tenus de faire, nous ne devons pas le faire davantage, et aucun homme, aucun gouvernement dans l'univers entier ne nous contraindra à le faire.

L'indifférence religieuse du XIXe siècle, en séparant, comme elle l'a fait, les intérêts temporels et les intérêts spirituels des peuples, a cru avoir éloigné du domaine politique les questions de croyance. Le grand mot de tolérance a cru avoir paré à toutes les difficultés, répondu à toutes les objections.

Étrange erreur! Nous avions compté sans la force vivace et profonde du sentiment religieux chez les peuples asiatiques, quelles que soient d'ailleurs leurs croyances (comme l'ont surabondamment prouvé les nombreuses proclamations des comités slaves et l'attitude de la Russie en Serbie, ainsi que la manière d'être du général Ignatieff à Constantinople), et surtout nous avions oublié le fanatisme mahométan et son ardeur pour la guerre sainte.

Dit en passant, relativement au sentiment religieux moscovite, le général Ignatieff, représentant de l'empereur Alexandre en Turquie, qui

« Si nos affaires sont en mauvais état, Allah, qui nous a assistés jusqu'à ce jour, nous sortira d'embarras comme il l'a fait déjà par sa bonté et sa toute-puissance. Si la fermeture du port de Kleck nous empêche d'envoyer nos troupes dans l'Herzégovine et des renforts en Bosnie, nous trouverons un autre chemin pour les leur envoyer. Nous sommes en ce moment comme un navire battu par les vents et les flots. Il faut qu'il fasse voile vers son véritable port et qu'il ne cherche son refuge dans aucun autre port que celui qui lui est assigné. »

appartient, comme on doit savoir, au parti pans-
laviste, a rêvé de son côté, à Constantinople, d'en-
glober dans la Russie tous les Slaves sous la
domination du tzar, chef suprême de la religion
orthodoxe. Dans son palais du Bosphore, tous les
moines et prêtres bulgares et grecs recevaient une
large hospitalité; le général Ignatieff tenait à ce
que la domination spirituelle de son souverain
s'étendît jusqu'au sommet des montagnes de l'Asie
Mineure. Il savait, lui, que de la domination religieuse à la domination politique il n'y a qu'un pas.

Les Turcs qui venaient le visiter dans son palais
pouvaient se croire dans une maison orientale; le
général Ignatieff avait adopté les mœurs et les
coutumes de la Turquie : il vivait à l'orientale, ce
qui ne manquait pas de lui attirer quelques sympathies de la part des Vieux-Turcs; mais dans une
aile du palais se trouve une chapelle grecque,
où tous les jours un prêtre orthodoxe chantait, au
milieu de la famille de l'ambassadeur, les louanges du tzar, pape de la religion grecque. Là était
le sanctuaire de la sainte Russie.

Quand l'ambassadeur avait porté au palais du
sultan des paroles pleines de courtoisie et des
protestations pacifiques, l'homme, dépouillant la
contrainte imposée au diplomate, venait, dans cet
asile mystérieux, faire des vœux pour hâter le
suprême effort qui doit adosser le trône du tzar

à la mosquée de Sainte-Sophie, redevenue un temple grec.

A ce même propos, on a également pu lire dans le *Messager officiel* le texte d'une adresse présentée au tzar par le corps des officiers municipaux de la capitale de l'empire, — adresse où entre autres il était dit que « la Russie devait exercer une influence décisive sur les destinées du christianisme en Orient, et que la ville de Saint-Pétersbourg était prête à suivre avec un dévouement sans bornes la voie qui lui serait indiquée par le souverain. »

Cette ardeur pour la guerre sainte de la part de la Russie, ralentie en apparence par le fait des circonstances, ne s'est jamais éteinte non plus chez les musulmans. Telle on l'a vue au temps même de Mahomet, telle elle conduisait les invasions successives qui menacèrent le monde européen, telle nos guerriers des Croisades la rencontrèrent aux champs syriens, telle elle est toujours prête à éclater à la première occasion du haut des minarets de tout l'empire ottoman à la voix des muezzins [1].

1. Se rappeler à ce sujet que c'est le 9 juillet 1860, à midi, à l'heure où les muezzins appelaient du haut des minarets les vrais croyants à la prière, que déjà ont commencé les massacres de Damas.

Pendant son séjour à Constantinople en 1865, Charles Asselineau parle de la manière suivante d'une mosquée flanquée de son minaret élancé, d'où le muezzin le saluait chaque soir au passage de son appel nasillard, pendant qu'il se rendait de Stamboul à son hôtel de Buyuck-Déré, village de la campagne riveraine du Bosphore, ce Corso, ce Longchamps *liquide* de la ville des sultans :

« Les esprits forts pourront en rire, et les chrétiens exclusifs s'en scandaliser, mais cette invitation à la prière lancée par une voix pieuse à la tombée du jour, cette invocation à Dieu, pour recommander l'homme à sa protection pendant ces heures de ténèbres, de tentations et de maléfices, pendant cette moitié de sa vie, où son âme lui échappe, pour ainsi dire, m'a toujours saisi de trouble et de recueillement. Jamais je n'ai entendu sans mélancolie cet adieu au jour et ce rappel à l'infini. Prie pour moi, bon muezzin, sur la terre du Prophète : je tâcherai qu'on te le rende sur la terre d'Aïssa ! »

Dire de voyageur, voilà tout, qui veut en venir à démontrer, par sentiment de reconnaissance, que les Turcs sont de — bons enfants !

L'auteur d'*Italie et Constantinople* l'a avoué, du reste, ce qui lui plaisait en la ville des sultans, c'était moins l'objet ou le lieu déjà classé et décrit, que les impressions inattendues qui le saisissaient

à l'aventure dans les rues ; les rencontres for-
tuites, les particularités surprises, les incidents,
tout ce qu'il a appelé d'un mot la saveur de l'in-
connu et de l'étrange ; tout ce qui se dégageait, à
travers les murs, de l'atmosphère morale du peuple
turc ; tout ce que le geste, la démarche, le costume, le travail des mains, l'emploi du temps lui
révélaient de ses habitudes, de ses façons de sentir
et de penser.

Magnifique aveu, assurément, mais qui semble
glisser sur le côté essentiel de la manière d'être
turque : le fanatisme religieux !...

On a encore présent à la mémoire l'assassinat de
M. Eveillard, notre consul à Djedda, et les massacres du Liban. Ceux de Bosnie et des Balkans,
de même que l'assassinat Moulin et du consul allemand à Salonique, ne sont pas des faits isolés également. Tant s'en faut ! C'est le réveil de la haine
de tout un peuple. Veut-on s'en assurer ? Qu'on
lise les détails suivants, donnés sur le Djihâd par
un savant orientaliste, dans l'*Encyclopédie du
XIXe siècle* :

« Combattez, s'écrie le Prophète, dans la voie
de Dieu, combattez les infidèles jusqu'à ce que
tout culte soit celui du Dieu unique. » (Koran,
ch. II, v. 189 ; — ch. VIII, v. 40.) «Faites la guerre
aux infidèles jusqu'à ce qu'ils payent le tribut et

qu'ils soient soumis; ne les appelez point à la paix
tant que vous leur serez supérieurs. » (IX, 29; —
XLVIII, 37.) « Croyants, combattez ceux des infidèles qui sont vos plus proches voisins ; qu'ils
trouvent en vous dureté et persévérance à les
attaquer. » (IX, 124.) « Combattez pour Dieu comme
il a droit qu'on combatte pour lui. » (XXII, 175.)
A ceux qui prendront part au Djihâd, le Prophète
annonce des récompenses magnifiques. « Dieu, —
leur dit-il, — vous introduira dans les jardins
arrosés par les fleuves, vous habiterez éternellement des demeures charmantes, un bonheur immense vous est réservé. » (LXI, 11, 12.) Il leur pro-
met l'assistance d'en haut dans les batailles. « Dix
mille anges, se succédant sans intervalle, les sou-
tiendront contre leurs ennemis. » (VIII, 9.) Si, au
contraire, ils refusent de marcher au combat,
« Dieu les châtiera d'un châtiment terrible, » car
l'abstention de la guerre sainte est un crime odieux
entre tous.

On comprend à quels commentaires les mahométans ont dû se livrer sur ces passages et sur
beaucoup d'autres où les mêmes tendances sont
exprimées. Ces textes, dictés souvent au Prophète
par la nécessité des événements contemporains,
ont enfanté chez les peuples musulmans une politique dont l'esprit d'intolérance ne se retrouve au
même degré chez aucune nation. Leur jurispru-

dence même est basée sur la nécessité du Djihâd. Il existe, d'après les docteurs et les jurisconsultes, quatre moyens d'acquérir la propriété : le Djihâd, le commerce, l'agriculture et le métier ou profession; mais de ces quatre moyens, le Djihâd est le plus recommandable et le plus noble, car, en dépouillant les infidèles, mis hors la loi par le Koran, il enrichit les musulmans, étend et consolide la vraie foi. Tous les biens et toutes les terres des *harbi* (infidèles) sont d'ailleurs déclarés *mubah*, c'est-à-dire vacants, sans maîtres, abandonnés au premier occupant. Cessons donc de nous étonner de l'âpreté des musulmans à courir sus aux infidèles, sur mer aussi bien que sur terre.

La piraterie, comme la guerre, est une chose sainte, — trois fois sainte! Le Djihâd ne doit cesser qu'après l'extermination, la conversion ou la conquête des peuples non croyants. Le *Mèdjmae*, code des propagateurs de la foi musulmane (les religions changent, il y a du jésuitisme dans toutes!), déclare même que le souverain doit envoyer deux ou trois fois par an une armée dans le *dar-el-harb*, c'est-à-dire dans le pays des infidèles. Les souverains ne font plus, il est vrai, de ces principes la base de leur conduite. Ils ont vu décliner la puissance de l'Islam ; les infidèles sont devenus leurs arbitres ou leurs protecteurs, et la civilisation les a éclairés de ses reflets lointains ;

on peut affirmer néanmoins que les principes du
Koran dominent encore de toute leur sauvage
énergie les populations mahométanes de l'empire
ottoman et autres, qui font toujours leurs cinq
prières réglementaires journalières en se tournant
vers la Mecque, cette Rome de l'islamisme, de
sorte que le monde musulman continue de présenter aujourd'hui le phénomène étrange de gouvernements forcés de rechercher à contre-cœur,
et en faisant violence à leurs propres convictions,
l'alliance des infidèles, pendant que les peuples
soumis à leur autorité s'abandonnent, témoin la
teneur de la lettre qu'on a lue plus haut des softas
à Midhat-Pacha, à toutes les inspirations d'un
fanatisme aveugle, et voient dans la tiédeur religieuse, ou plutôt dans la prudence de leurs chefs,
la cause des malheurs qui s'appesantissent sur leur
pays.

Quelle que soit la nature de nos relations avec
les gouvernements musulmans, quelque sincères
qu'ils nous paraissent dans leurs protestations
d'amitié, nous sommes trompés ou nous le serons;
car le musulman nous hait et doit nous haïr en
vertu du Koran et de la loi telle que l'ont formulée
les docteurs de l'Islam, dont la parole est regardée
comme le pur développement de celle de Mahomet. Or, cette loi défend toute alliance avec les
infidèles. Elle déclare qu'aucun traité ne peut être

conclu avec eux, et que la paix est un temps de relâche pendant lequel on doit se préparer à la guerre sainte.

Mais laissons la parole au Gésu mahométan, aux docteurs en question :

« Si les infidèles demandent que les deux parties contractantes concluent une paix perpétuelle, les musulmans ne peuvent consentir à une pareille clause. La seule raison suffirait pour le démontrer. En effet, le Djihâd est pour les musulmans un devoir religieux, comme le sont la prière et le jeûne. Il nous est aussi impossible d'accepter la clause de perpétuité que de consentir à la paix, à la condition que nous renoncerions à la prière et au jeûne. Y consentir ne pourrait trouver d'excuse que dans la réussite ; mais alors ce serait pour la rompre et recommencer les hostilités à l'instant où nous aurions recouvré nos forces. » (L'iman (docteur) Mohammed, disciple d'Abou-Hanifa, dans son *Sièri-Qébir*.)

Un autre docteur, dont l'autorité n'est pas moins respectée, s'exprime en ces termes dans le Mèd-jmae : « Il est permis à l'imam (chef de l'État) de faire la paix avec les *harbi* (infidèles) s'il y trouve un avantage pour les musulmans. Quand ils n'ont pas des forces suffisantes pour résister aux *harbi*, il n'y a pas de mal à ce qu'ils renoncent aux combats pour un temps déterminé ; c'est en quelque sorte faire encore la guerre, mais s'ils sont forts, l'imam ne doit pas faire la paix, parce que ce serait alors une renonciation réelle au Djihâd, devoir sacré des musulmans.»

Ces prescriptions d'ailleurs sont en parfait accord avec le Koran, qui ne fait mention que d'une paix limitée avec les infidèles.

Ainsi, les traités de paix perpétuelle conclus entre les chrétiens et les musulmans sont purement illusoires. Ils sont lettre morte, et les croyants ne peuvent les signer qu'avec l'intention de les rompre à la première circonstance favorable. Mahomet l'ordonne, et la loi leur en fait une obligation sacrée. Il est par conséquent oiseux et presque naïf d'inscrire dans ces traités des clauses telles que celles-ci :

« Dès à présent et *pour toujours* cesseront toutes les hostilités et l'inimitié qui ont eu lieu jusqu'ici. » (*Traité de Kaïnardji*, 1774.)

« La paix, l'amitié, l'harmonie et le bon voisinage entre les deux empires doivent subsister *éternellement*, sans aucune altération ni infraction. » (*Convention* du 10 mars 1759 entre la Russie et la Turquie.)

« La paix et l'amitié régneront *à jamais* entre... » (*Traité de Bucharest*, 1812.)

« Il y aura à l'avenir, entre la République fran-

çaise et la Sublime-Porte ottomane, paix et amitié. Les hostilités cesseront désormais et *pour
toujours.* » (*Traité de Paris*, 1802.)

« Il y aura, à dater du jour des ratifications du
présent traité, paix et amitié *à perpétuité*
entre... » (*Traité de Paris* du 30 mars 1856.)

La loi musulmane est formelle à ce sujet.
« L'imam, après avoir fait la paix, peut la rompre
s'il y trouve plus d'avantage, et, dans ce cas, il doit
le déclarer aux infidèles par un héraut d'armes. »
(*Mèdjmae.*) En revanche, « les musulmans ne peuvent commencer les hostilités pendant tout le
temps dont le prince *harbi* a besoin pour faire
savoir dans tous les États que les musulmans ont
rompu le traité. » (*Sièri-Qébir.*)

Ainsi qu'on a pu voir le 28 septembre, quand la
Porte a rompu la suspension d'armes qu'elle avait
conclue dix jours auparavant avec la Serbie et le
Monténégro, suspension qu'on croyait devoir être
prolongée jusqu'au 3 octobre, ces prescriptions
sont d'ordinaire exécutées dans toute leur rigueur
par les musulmans, et les actes de leur politique,
qui nous paraissent empreints d'un caractère de
révoltante perfidie, ne sont bien souvent que la
simple application de la loi qui les régit.

Avant de commencer la guerre, le souverain,
le chef, le général doit sommer les infidèles de se
convertir à l'Islam. Le premier but du Djihâd est

en effet la conversion des *harbi*. Cette prescription n'est pas toujours observée maintenant, lorsque les musulmans savent d'avance que la sommation ne serait suivie d'aucun résultat.

On vit cependant, il y a quelque trente ans, un chef arabe de l'Algérie adresser une telle sommation au général Cavaignac.

Il peut exister toutefois entre les musulmans et les infidèles une paix perpétuelle et légale ; mais c'est dans le cas seulement où les *harbi* abandonnent leur pays aux croyants, se soumettent au tribut et aux redevances imposées par la loi. Alors, en effet, il n'y a pas lieu de faire contre eux la guerre sainte. Les *harbi* sont devenus *raïas* (troupeau).

Ce n'est pas par amour de la guerre, ce n'est pas par orgueil, ce n'est pas dans un intérêt mondain que les musulmans regardent le Djihâd comme une obligation sacrée. Ils voient dans le Koran le livre par excellence et dans l'Islam le salut du monde. En faisant la guerre aux infidèles, c'est pour Dieu qu'ils combattent ; c'est son règne et non le leur qu'ils veulent établir sur toute la surface de la terre. Le Djihâd est le prosélytisme armé. Écoutez Okba arrivant sur les rivages de l'océan Atlantique après avoir franchi victorieux toute la largeur du continent africain.

Faisant entrer son cheval dans la mer jusqu'au poitrail, il lève les mains vers le ciel et s'écrie : « Seigneur, si cette mer ne m'en empêchait, j'irais dans les contrées éloignées et dans le royaume de Dou'l Carneïn (des Européens), en combattant pour la religion et en tuant tous ceux qui ne veulent pas croire à ton existence et qui adorent d'autres dieux que toi. »

Ces paroles d'Okba sont la devise de la guerre sainte, comme, au temps des Croisades, *Dieu le veut!* était la devise de nos pères. La devise du conquérant africain est restée ; l'esprit de prosélytisme est toujours ardent chez les disciples du Prophète ; mais une civilisation plus grande et plus forte s'est développée dans les pays de l'Occident, et l'Islam, arrêté dans son essor, au lieu de faire éclater, comme autrefois, son énergie par le prosélytisme du sabre, en est réduit, ainsi que le scorpion qui s'empoisonne en mordant sa queue, à la manifester aujourd'hui par les actes d'un fanatisme désespéré.

Mais si cette décadence est évidente à nos yeux, les musulmans ne peuvent ni l'avouer, ni même la reconnaître. La guerre sainte rayonne toujours au fond de leur pensée. Elle est pour eux, maintenant, plus qu'un devoir, elle est devenue leur plus chère espérance. Les infidèles, notamment la Russie, la France et l'Angleterre, ont établi leur

domination sur beaucoup de pays conquis autrefois par l'islamisme, et les croyants subissent le
joug abhorré des giaours en Crimée, dans la région
caucasienne, en Algérie, sur les bords du Sénégal
et du fleuve Amour, dans l'Inde et jusqu'en Chine[1].
Si les chrétiens ne sont pas maîtres sur les rives
du Bosphore, en Syrie, en Perse, en Égypte, leur
influence du moins y est prédominante.

Le musulman s'indigne en voyant la prépondé-

1. Je fais allusion ici à la cession de la Mantchourie à la
Russie en 1864, cession qui fut le début dans la diplomatie
du général Ignatieff.

« Comme la plupart des diplomates russes, à en croire à
ce sujet la *Petite République française* du 27 octobre, le général Ignatieff a passé par l'armée. Fils d'un gouverneur de
Saint-Pétersbourg, Nicolas Ignatieff était [en 1854] capitaine
d'état-major. Après la guerre de Crimée, il fut attaché à
l'état-major du général Mourawieff, gouverneur de la Sibérie. Son séjour dans cette contrée, la connaissance des intérêts et des besoins de ce pays lui valurent d'être envoyé en
Chine comme chargé d'affaires; c'était au moment où les
troupes anglo-françaises pillaient le palais d'Été et rançonnaient le gouvernement chinois. Le jeune diplomate sut
profiter de l'occasion pour se rendre agréable à la cour de
Pékin, et il obtint pour la Russie la cession d'une partie de
la Mantchourie; à partir de cette époque, le fleuve Amour
devint un fleuve russe, et le comptoir de Kiatka se trouva un
des plus riches et des plus prospères de l'Orient. C'est par
là qu'est expédié en Europe le thé connu sous le nom de
Thé de la Caravane.

« Un tel début dans la diplomatie, c'était la fortune et la
faveur. Ignatieff s'allia bientôt à une des plus nobles familles
de la Russie, et ne tarda pas à être envoyé à Constantinople
en qualité d'ambassadeur... »

On a vu plus haut comment il y passait son temps en
cette qualité !

4.

rance des *harbi;* l'humiliation du Koran l'irrite; il caresse en secret la vengeance, il attend le jour sacré, — trois fois sacré! du Djihâd. On peut donc y compter, en Asie comme en Afrique, en Turquie comme au Dahomey, il se lèvera plus d'une fois encore à la parole d'un cheïk au turban vert ou d'un marabout inspiré.

Il fera parler la poudre, et si le giaour, le *roumi,* la font parler plus fort, il rentrera vaincu, mais non corrigé, sous sa tente ou sous son gourbi. Ne sait-il pas que la prophétie doit se réaliser? N'attend-il pas son *Moule-Saa,* son *Mahdi,* son Messie, et sait-on si demain la voix du *maître de l'heure* ne retentira pas dans le désert ou dans la montagne?...

II

Currente calamo et *grosso modo* à propos de l'Orient et de
l'Egypte. — Une Hollande chaude. — Itinéraire d'Alexandrie au Caire. — État social et politique de l'Egypte depuis les Arabes Hyc-sos jusqu'à nos jours. — Ce qu'a
amené dans ce pays le percement de l'isthme de Suez. —
Un Turc vaut un Turc partout où il habite. — Légende du
Semmaouï ou poison des sultans. — A qui il fait peur et
ce qu'il pourrait éclaircir au besoin. — Manière d'être du
Khédive en 1860 et depuis lors. — Hommes et choses en
Égypte. — Une marchandise qui, quoique prohibée par
les traités, se vend toujours en Orient. — Physiologie du
Sémite. — Réponse à ce sujet qui en vaut une autre. — On
ne calomnie pas les Turcs en disant mot à mot ce qu'ils
sont. — Origine de la sympathie des Magyars pour eux.
— Etat de la civilisation européenne en Turquie. — Gouvernants et gouvernés. — Exemples pour et contre à l'appui. — Ce qui, selon l'auteur, a aggravé la situation en
Orient. — Singulier aspect d'un défilé de troupes turques
à Constantinople en 1865.

Dans sa Chronique du 4 juillet, M. Paul Arène,
l'humouriste et savant rédacteur de la partie lit-
téraire du journal la *Tribune*, a dit de l'Égypte
grosso modo, de l'Orient *currente calamo* :

« Une chaleur turque, un soleil à faire pousser
les minarets sur les toits des églises, à faire éclore
des croissants sur les fronts ruisselants des pro-

meneurs, et partout, dans la rue, dans les cafés, dans les journaux, la question d'Orient, la question turque ! Ne pouvant échapper à l'obsession, le mieux était de la régulariser. Tout bravement, tout comme un Marseillais du siècle dernier, nous avons pris le turban pour une heure, et fait, en compagnie de M. Gellion-Danglar, un grand voyage dans les pays turcs, non pas à Constantinople, où depuis quelque temps on meurt trop, mais en Égypte, région qui paraît moins malsaine.

« Rien de plus facile à mal peindre que l'Orient. Pour la plupart, quelques pots de couleur achetés en Europe font l'affaire ; et tel qui le traverse une fois en a désormais pour la vie à brosser des murs blancs, des palmiers penchés, des ciels lourds barrés de vapeurs rouges, le Nil jaune et le désert sans fin qu'égaye un bout de pyramide.

« M. Gellion-Danglar use peu de ce pittoresque. Ayant une plume, il s'en sert comme d'une plume, et n'essaye pas d'en tremper les barbes dans l'encre ni de la donner comme un pinceau. Ce qu'il rapporte de là-bas, après dix ans de séjour, de 1865 à 1875 [1], ce sont non des tableaux, mais des

1. Tout juste cinq ans moins que l'auteur du présent livre, — parti pour l'Égypte en février 1866, de retour en France fin 1870. — Voir sa *Diplomatie européenne jugée par feu Abdul-Aziz.— Révélations intimes sur l'Orient, certains hommes et certaines choses de l'Occident*, par un revenant d'Égypte.

Lettres sur l'Égypte contemporaine (chez Sandoz
et Fischbacher), des lettres, forme excellente,
depuis Victor Jacquemont et même depuis le pré-
sident Des Brosses, pour qui veut, dans un récit
de voyage, se maintenir au ton juste et fuir les
phrases toutes faites, les observations préparées
d'avance, les opinions bouclées au fond de la va-
lise dès le départ [1].

« Savez-vous comment se présente l'Égypte?
« Une côte plate, quelques moulins à vent sur la
« droite; à gauche le palais de Raz-el-Tyn, tout
« blanc avec ses persiennes vertes; du même côté,
« le panache isolé d'un palmier de médiocre taille,
« sentinelle avancée de l'Orient. » A part ce nom
de Raz-el-Tyn et ce palmier, on dirait vraiment
la Hollande, — une Hollande chaude, ainsi que
l'appelle l'auteur.

« D'Alexandrie au Caire, de la cité des Lagides,
en train de s'européaniser, à la vieille *Massr-el-
Kahira*, obstinément orientale et grouillante, le
pays d'Égypte est décrit avec cette simplicité de
langage et cette bonhomie spirituelle dans les impressions qui sont des garants de bonne foi, et
rassurent d'abord le lecteur contre tout soupçon
de hâblerie voyageuse.

1. Le *fellah*, on peut se souvenir, est entaché de ce péché
originel.

« Peu de savantes digressions sur la colonne de Pompée, l'aiguille de Cléopâtre et autres régals d'égyptologues ; volontiers notre voyageur oubliera la grande Pyramide pour nous raconter par menu un déjeuner d'oranges et de figues sèches fait à son ombre en plein désert. De loin en loin seulement une discrète citation de Strabon pour noter la persistance d'un détail de mœurs à travers les siècles, ou quelques lignes de grec lues en wagon, piquant contraste ! tandis que le train roule au milieu de la plaine où fut Memphis.

« Mais, en revanche, que de renseignements curieux, précis, touchant l'état social et politique de ce coin du globe où, depuis les Arabes Hyc-sos jusqu'à la dernière invasion, industrielle et pacifique cette fois, amenée par le percement · de l'isthme, tant de races, tant de civilisations se sont succédé, laissant chacune sa trace[1] ; où le canal français, pendant des lieues, suit les berges encore visibles de l'ancien canal des Pharaons.

1 On ne peut le nier, le projet de M. Ferdinand de Lesseps était grandiose, mais il a ce tort à mes yeux d'avoir renouvelé et augmenté la population flottante de l'Egypte : Italiens, Espagnols, Irlandais, Français, Anglais, Allemands, Maltais, Suisses, Moldaves, etc., toute une colonie d'affamés de tous les pays, de bohémiens, de banqueroutiers, de déclassés, de bandits de toute espèce, qui sont venus flairer quelque bon coup à faire autour des courageux ouvriers d'une grande œuvre, et qui, celle-ci terminée, réduits aux expédients, ont fini par *pourrir* le pays.

« Telle qu'elle, et dans son mélange actuel de civilisation et de barbarie, l'Égypte de M. Gellion-Danglar étourdit comme un concert fou, éblouit et amuse comme un kaléidoscope. Que de couleurs et quel tapage! A côté des fils de l'Égypte pharaonique qu'on dirait descendre d'un pylône de Karnack ou de Louqsor, à peine vêtus d'un sarrau bleu qui flotte au vent, la tête nue, conduisant debout un chariot long et plat, vous voyez passer l'Arabe sédentaire, le Bédouin, le Syrien, le Juif, le Turc, le Persan, le Circassien, le nègre du Soudan, le Barbari, le Grec, l'Arménien, le Maltais, l'Italien, l'Anglais, l'Allemand, le Français, tous les peuples et toutes les races. Les turbans rouges, verts, noirs, les tarbouchs et les drapeaux européens, les caftans des bourgeois du Caire, la veste courte du Levantin, les haillons des fellahs, les dominos multicolores de leurs femmes, se mêlent et se croisent. Cris des âniers, braiement des ânes, hurlements des chiens, barrissements des chameaux, cris des cochers et des coureurs en avant des voitures, cris chantés des marchands ambulants, cris d'Arabes qui causent ou se disputent, c'est positivement à vous faire croire à la vieille légende de la tour de Babel. Voici les cortéges bariolés, les cérémonies bizarres, les étoffes brodées de perles et de diamants, que paye, sans murmurer, un peuple fanatique; voici les flagellants, les mangeurs de serpents, les danseuses et les pauvres diables saoûlés de hatchich, fous de fanatisme, se précipitant, pour faire tapis de chair, sous les pieds d'un cheval qui porte je ne sais quel personnage sacré.

« Le livre nous conduit ainsi partout en Égypte, de Port-Saïd, tout neuf, à l'antique Arsinoë, la ville sacrée des crocodiles ; de la hutte maçonnée d'argile du fellah à ces harems somptueux et mystérieux où s'amollissent les pachas, et où la vie des femmes se passe à danser, à fumer des cigarettes, à lécher des sorbets et à rire, quand les eunuques le permettent, aux obscènes et grosses farces de *Karagouz*, le Polichinelle, l'Arlequin musulman. Chemin faisant, il nous révèle, surtout à l'endroit des 12,000 Turcs maîtres absolus du pays et constituant l'aristocratie de la conquête, bien des étrangetés qui, avant les tragédies à la Bajazet dont on a vu s'ensanglanter récemment le Bosphore, nous eussent paru inventées à plaisir ou tout au moins renouvelées des Turcs de jadis.

« Mais un Turc vaut un Turc, — qu'il habite les bords du Nil ou la Corne d'Or, et Alexandrie, quelquefois, peut expliquer Constantinople.

« On entre chez le gouverneur comme dans un
« moulin, sans cérémonie ni sans difficultés, sans

« même se faire annoncer, » raconte M. Gellion-Danglar. Et voilà, sans doute, pourquoi le Circassien Hassan Bey a pu pénétrer, poignard au côté, revolver au poing, dans le séraskiérat et y assassiner quelques ministres.

« La légende du *Semmaouï*, du poison des sultans, est, au point de vue turc, également fort instructive : « Tous les quatre à cinq ans, il vient « de Stamboul, en Égypte, un homme qui prend « toutes les formes, révêt tous les déguisements, « s'habille et se grime en vieillard, en femme, en « Européen, et cherche à surprendre, isolés, les « hommes et particulièrement les enfants. Quand « il en saisit un, il l'égorge, l'emporte dans sa « retraite, pile le cadavre dans un mortier en y « joignant différentes drogues, et en compose un « poison subtil. Une fois sa provision faite, il « retourne à Stamboul la livrer au sultan, qui « s'en sert pour les besoins de sa politique. »

« Les bons Égyptiens croient à cela comme au Koran. C'est sans doute par crainte du Semmaouï, que le Khédive tarde tant à visiter son nouveau suzerain. Le Semmaouï pourrait au besoin éclairer bien des côtés mystérieux de l'histoire turque contemporaine : les morts sinistrement opportunes de l'entourage de feu Abdul-Aziz, et pourquoi l'idiot Mourad V, à peine intronisé, voyait sa poitrine se consteller de *points noirs*, — ni plus ni moins que l'horizon politique des dernières années de l'empire libéral.

« Quoi que prétendent certains écrivains, et malgré les intentions de réformes qu'affiche le gouvernement du Khédive [1], M. Gellion-Danglar

1. Voici un passage des *Silhouettes orientales* de M. Alfred d'Ancre (chez Dentu), relatif à la manière d'être du Khédive en 1860 :

« — La vie c'est la suprême indifférence, — pensait à cette époque le prince égyptien.

« C'était un jeune, beau et élégant cavalier, plus indolent que rêveur, plus tolérant que bon, plus fastueux que magnifique ; doué d'une intelligence assez bien développée, mais n'ayant jamais pu, comme la plupart de ses compatriotes, s'élever jusqu'à la compréhension des idées abstraites, il croyait naïvement avoir parachevé ses études pendant les quelques années qu'il avait passées dans un collége de Paris, et n'avoir plus rien à apprendre. Il s'était vu recherché dans les salons officiels, dans les boudoirs du demi-monde, dans les foyers d'opéra, et en avait rapporté les opinions les plus contradictoires sur les femmes : il les avait assez aimées, pour préconiser l'émancipation dont les a dotées le christianisme, et il avait assez souffert par elles, pour déclarer nécessaire la claustration que leur impose le Koran.

« La politique du vice-roi exigeait qu'il jouât le rôle de prince libéral, et il le remplissait de bonne foi. Il patronnait les industriels, les novateurs de toute sorte, les ambitieux, les mécontents et même les intrigants de tous pays et de toute religion, non sans affermir sa popularité dans le vieux parti musulman, quoique au fond il n'eût aucune conviction bien arrêtée... S'appliquant à s'européaniser dans son costume, il portait avec élégance le large pantalon blanc de cavalerie, tombant bien sur la botte vernie, et la redingote droite, en drap noir, à petit collet droit. Ses allures étaient celles du gentilhomme, quoique un peu lourdes à force de vouloir être graves, et comme pour se faire pardon-

ne croit pas à l'avenir égyptien de l'Égypte. « Il
« faut se défier, dit-il, des apparences de civilisa-
« tion occidentale dont savent se vernir les Orien-
« taux. Ils viennent chez nous promener leur fez,

ner ses condescendances à nos usages, il était majestueuse-
ment coiffé du petit fez de Constantinople, et jouait gracieusement avec son *tespil*, chapelet musulman, qu'il tenait
constamment dans sa main irréprochablement gantée... En
somme, il ressemblait en cela à une médaille du temps des
Pharaons, rendue fruste par la grossière dorure de notre
civilisation, et, à l'analyse, il était incontestablement brillant et n'avait nulle couleur dominante ; il se laissait vivre
nonchalamment, sans enthousiasme et sans mépris, sans
lumière et sans ombre; moraliste, religieux ou sceptique,
selon les exigences du moment, débauché pour suivre le
courant de la cour où il vivait, et ne s'affirmant guère que
par ses prodigalités : cette supériorité facile de ceux qui
n'ont rien dans leur propre fonds, et que lui garantissaient
les caisses de l'État et du crédit public... »

Je ne saurais terminer autrement ce portrait qu'en disant
que, depuis lors, c'est le... diplomate Napoléon III qui in-
culqua dans l'imagination du Khédive d'Égypte, vassal de
la Turquie, certaines idées d'indépendance. Mais aujour-
d'hui, comme on sait, la France et l'Angleterre, les deux nations de l'Europe qui ont en Égypte, surtout l'Angleterre à
cause de sa position sur la route des Indes, *les intérêts les
plus importants*, s'inquiètent fort peu des intentions cachées
que peut avoir le soi-disant souverain d'un pays de 5,200,000
habitants, malheureux et à moitié nus.

La France et l'Angleterre ne doivent désirer qu'une chose,
c'est de voir leurs transactions commerciales rencontrer le
moins d'obstacles possibles dans un pays dont le... gérant
(attendu que ce n'est après tout qu'un gérant, le fermier
général de l'Égypte, un tenancier de la Turquie) a pris
l'habitude, grâce à la protection de Napoléon III, d'aller
demander du crédit sur les principaux marchés financiers
de l'Europe, et qui, d'autre part, grâce également à cette
prétendue réputation de richesse dont jouit bien à tort cette

« apprendre l'argot et boire du champagne. De
« retour, ils se retrouvent plus barbares que
« jamais. Effendis, beys, pachas, — Cophtes, Ar-
« méniens, etc., parlent en français, mais pensent
« en turc, — en levantin. Ils font venir de Paris
« ou de Londres des lits magnifiques, et couchent
« à côté tout habillés ; ils ont des porcelaines, de
« la vaisselle plate, mais ils mangent avec les
« doigts ; ils adoptent le paletot et le pantalon,
« mais continuent à mépriser les chaussettes. —
« En somme des fanfarons écervelés, encore tout
« étonnés d'avoir rompu les rangs de la tyrannie ;
« des flibustiers, âpres à la curée, avides de gros-
« sières et bestiales jouissances, et se donnant le
« change sur leur piètre valeur par des prodiga-
« lités absurdes, de mauvais goût, comme nos an-
« ciens valets de chambre se pavanant, hurlant et
« se vautrant dans les propriétés de leurs maîtres
« décapités, ou des paysans ignares ayant gagné

pauvre terre d'Égypte, a réussi à contracter des emprunts
sérieux en son nom, mais lesquels, en réalité, ne sont des-
tinés qu'à son usage personnel.

C'est ce qui explique pourquoi les employés du Khédive
sont sans cesse à la recherche de combinaisons pour solder,
non le capital (deux milliards environ), car le produit de la
vente de tout le territoire de l'Egypte suffirait à peine, mais
les intérêts seulement de la dette flottante égyptienne, —
intérêts que j'évalue à 450 ou 500 millions. — Un rien !
comme on voit. (Voir pour tous détails, à ce sujet, préface
de ma *Diplomatie européenne jugée par feu Abdul-Aziz.*)

« le gros lot au tirage de la ville de Paris : popu-
« lation flottante abusant de sa fortune flottante
« comme elle.

« L'Égypte *jouit* d'une Constitution, et le Khé-
« dive s'est adjoint un grand conseil ; par malheur
« la Constitution ne fonctionne pas, le grand
« conseil ne conseille rien, et la trique avec le
« backchich, la bastonnade et le pot-de-vin, res-
« tent, ou peu s'en faut, les deux seuls moyens de
« gouvernement. La polygamie, de par la loi, est
« devenue, là-bas comme ici, un cas pendable ;
« cependant les harems sont pleins. La traite des
« esclaves est interdite, mais partout il y a des
« marchés où l'on peut, pour 400 francs, s'acheter
« un négrillon, une Abyssine pour 800, et pour
« 2,000 un joli petit mamelouk blond ou une belle
« Circassienne [1]. »

1. Même chose existe également en Turquie, témoin les
faits suivants rapportés à la *Correspondance orientale* par un
de ses amis, notable industriel établi en Syrie depuis longues
années, et arrivé à Constantinople le 17 août dernier,
d'Alexandrie, par un des vapeurs de la Compagnie égyptienne *Khédivié :*

« Une marchande d'esclaves turque avait embarqué à
Alexandrie une cargaison d'esclaves noires et blanches, des-
tinée à être vendue partie à Smyrne, partie à Constantinople.
Aucun mystère n'entourait cette opération.

« La marchande d'esclaves, loin de masquer son commerce
pendant la traversée, pour ne l'exercer qu'à destination,
faisait aux passagers les propositions les plus engageantes.
C'est ainsi que le notable en question apprit, de la bouche

« Tout cet étalage de réformes européennes, l'on voit, n'est qu'un vain décor de théâtre, qu'une façade en toile peinte tournée du côté de l'Occident.

« La civilisation, d'après l'auteur des *Lettres sur l'Égypte contemporaine*, ne s'exporte pas ; c'est même de la marchande, quels étaient ses projets tant à Smyrne qu'à Constantinople, et qu'arrivée en cette dernière ville, où elle était attendue, elle s'installerait à Scutari avec le stock qu'elle n'aurait pu écouler en route.

« A Smyrne, en effet, une partie de la cargaison fut débarquée. Par contre, quelques femmes furent embarquées et comblèrent par leur présence les vides résultant des livraisons effectuées à cette escale. A Constantinople, le débarquement de cette marchandise se fit sans difficulté et devant les agents de l'autorité. La marchande d'esclaves, aidée de sa fille et de sa sœur, divisa sa troupe en trois escouades, chacune des trois intéressées prit la direction d'une de ces escouades, et, au moyen de caïques, le tout put débarquer sans être inquiété.

« Bien entendu, le notable industriel qui raconte ces faits dut promettre, au moment du débarquement, d'aller faire son choix à Scutari ; la marchande ne crut pas même nécessaire de lui recommander la moindre discrétion au sujet des confidences qui lui avaient été faites pendant la traversée.

« Les esclaves pullulent, du reste, à Constantinople ; il n'y a pas de maison turque, si modeste qu'elle soit, qui n'en ait au moins une ou deux.

« Les achats et les ventes auxquelles elles donnent lieu se font au grand jour et comme la chose la plus naturelle du monde.

« L'esclavage existe donc toujours en Orient, comme au beau temps des Soliman et des Sélim.

Fiez-vous, après cela, aux affirmations turques en matière de réformes ! On ne pouvait mieux dire plus haut à ce sujet : *Effendis, beys, pachas*, etc., *parlent en français, mais pensent en turc.*

affaire de conformation anthropologique. Les
diverses races qui grouillent à la surface de
l'Égypte sont races sémitiques, et le Sémite,
« quoi qu'on dise ou qu'on fasse, est un enfant
« voué à une enfance éternelle… beaucoup plus
« sensible que raisonnable, craintif, mystique, ami
« du mensonge et du merveilleux, ignorant du
« droit et mentnul o soucieux de la liberté. »

« — Mais les Turcs ne sont pas Sémites, et vous
les englobez dans votre excommunication !

« A cela M. Gellion-Danglar répond, et cette
réponse en vaut une autre, que les Turcs, bien
que de sang tartare, ont été à la longue *sémitisés*
par la pratique de l'Islam. »

Je ne puis m'empêcher de trouver, pour ma
part, qu'on ne calomnie pas trop les Turcs en parlant d'eux de la sorte : — voire même, pour ne
pas rester, en fait de générosité, en arrière de
l'auteur d'*Italie et Constantinople* à leur encontre, *par sentiment de reconnaissance* j'ajouterai,
de mon côté, que l'ami Paul Arène et M. Gellion-
Danglar les dépeignent comme je les ai dépeints
déjà, particulièrement les Égyptiens, dans un
autre livre, le *Génie des Croisades* (chez Krüsi, à
Bâle), écrit au Caire en 1868. Ainsi qu'on a pu
s'en apercevoir dès les premières pages du livre
actuel, je continue de penser comme ces deux

écrivains à cet égard : ce peuple *ouralo-altaïque* (appellation qui a remplacé celle de *touranien*), de même souche que les Hongrois, les *Magyars*, ce qui explique les sympathies de ceux-ci pour lui [1], montre tous les jours davantage combien peu il est pénétré de la civilisation européenne. Il reçoit de nous des exemples, et il n'en fait pas cas, ou, s'il les admet, c'est pour les dénaturer d'un bout à l'autre.

Comment vit-il? — Mahomet le sait! Tout ce dont je suis sûr et certain, c'est que, contrairement à ceux qui descendent le cours du temps, lui le remonte. C'est un goût particulier. Figurez-vous un homme qui marche toujours du couchant au levant, et qui se croise continuellement avec le soleil.

Qu'est-ce que notre civilisation en Turquie, en

---

1. Preuves, notamment, après les événements de Hongrie en 1848, un télégramme de Pesth, du 25 octobre, qui a annoncé que la police avait défendu aux étudiants de cette ville d'organiser une promenade aux flambeaux en l'honneur du consul général ottoman ; la souscription des mêmes pour offrir un sabre d'honneur à Abdul-Kérim-Pacha, le généralissime de l'armée turque en Serbie ; l'expulsion de Prague du général Tchernaïeff, etc., etc. — Ne pas confondre avec les Magyars, appelés *Uhri, Ugri, Ungri et Wengri* par les Slaves, qui s'établirent au centre de la Hongrie, l'an 814 de notre ère, sous la conduite de leur chef Almos et de son fils Arpad, — ne pas confondre avec les Magyars les Hongrois du nord et du sud de la Hongrie, qui sont exclusivement *slaves.*

effet? Une lice, on a vu, où l'Europe fait en vain
ses preuves. A mon sens, je le répète, je ne saurais trop le répéter, civilisation européenne et
barbarie orientale sont deux choses qui hurlent
de se voir réunies, qui se dévorent l'une l'autre,
qui n'existeront jamais ensemble. Aujourd'hui
encore, cela a été amplement prouvé également
par les Ubicini, les Poujoulat, les Méry, les Guillaume Lejean, les de Hammer, les Albert Dumont, les Duckett, les Maxime Du Camp, les
Boué, et tant d'autres vaillants de la plume, —
aujourd'hui encore la Turquie continue de présenter complétement le caractère du despotisme
asiatique, où l'arbitraire illimité du souverain
constitue la loi absolue à laquelle certaines bornes ne peuvent être mises que par les préceptes
de la religion, par d'antiques usages et traditions,
ainsi que par les préjugés nationaux, auxquels il
faut avoir égard si on veut éviter des révoltes.
C'est, pourrais-je dire, pour n'avoir pas obéi à
ces préjugés, suivi ces antiques usages et traditions, qu'Abdul-Aziz, ce digne émule des Vitellius
et des Héliogabale, a en quelque sorte été dé-
trôné. Encore, malgré ces bornes, ne saurait-il
être question en Turquie de ce qu'on entend
parmi nous par le mot *État*. Le sultan ne cesse
d'être le maître absolu de la vie et des biens de
ses sujets. Sa volonté est toujours la loi, et lui

seul, s'il se sent la force de l'entreprendre, a le droit de se mettre au-dessus d'elle. Les réformes de Sélim III, ainsi que de Mahmoud II, et un hattischérif, œuvre de Réchid-Pacha, le Midhat de l'époque, daté du 3 novembre 1839, et du kiosque de Gulhâné, dont il a reçu le nom, ont bien été des essais déjà faits pour donner une espèce de loi fondamentale, limitant les volontés absolues du souverain ; mais cette loi est restée jusqu'à ce jour lettre morte, parce que gouvernants et gouvernés ne sont pas, n'ont jamais été, ne seront jamais à la hauteur des idées qui lui servent de base.

En effet, l'état d'instruction et de moralisation des uns et des autres diffère extrêmement, suivant leur individualité. On peut dire, en général, que sous l'oppression intellectuelle et matérielle de l'islamisme et de l'absolutisme du pouvoir, ils sont tous demeurés fort en arrière dans les voies du progrès, et quelques-uns même, comme par exemple les bachi-bozoucks, à l'état de barbarie, en dépit des avantages et des encouragements de toutes espèces que présentent le sol et le climat, et malgré les remarquables dispositions naturelles que présentent certains d'entre eux. Oui, toute la Turquie est bien en voie de décadence, — que dis-je ?... en train d'agoniser, au point de vue moral et matériel, aussi bien qu'au point de vue politique, et là où il y a tendance visible à mar-

cher, comme, on le sait, dans une partie de la
population grecque et slave, c'est, ainsi que le
donne à entendre plus haut l'auteur des *Lettres
sur l'Égypte contemporaine*, moins l'œuvre de la
race dominante que celle du caractère individuel
de toute la race dominée.

Je pourrais reproduire à cet égard une foule
d'articles des journaux russes, autrichiens, anglais, allemands, qui tiennent exactement le même
langage; je cite un des moins suspects, — l'or-
gane le plus autorisé de la presse d'outre-Man-
che :

« Les maux qui affligent la Bosnie et l'Herzégovine, disait il y a un an et demi le *Times*, sont absolument les mêmes que ceux qui pèsent lourdement
sur toutes les autres parties de l'empire, et ils ont
leurs racines dans des causes morales insépara-
bles de la société turque. Il y a peu de raisons de
croire que la population des districts soulevés a
souffert plus que celle de toute autre province.
Ses griefs spécifiques ne sont que les symptômes
superficiels d'une maladie incurable.

« L'une de leurs plaintes les plus vives est, par
exemple, que les gouverneurs généraux de la province sont changés si souvent qu'il leur est impossible d'étudier ses besoins réels, et d'appliquer des
réformes radicales. Il leur faudrait au moins une

année pour se mettre au courant de leurs devoirs, et pourtant il en est peu auxquels il soit permis de rester en place aussi longtemps. A peine se sont-ils mis à l'œuvre, qu'un changement de ministère ou les intérêts de quelque force rivale les rappellent à Constantinople. En conséquence, il en est peu qui essayent même de punir les fonctionnaires corrompus, de purifier les tribunaux et de protéger les raïas contre la rapacité des collecteurs de dîmes, ou de construire des routes. Ils n'ont d'autre hâte que de s'enrichir. D'autres ont à peine commencé à faire quelque bien, qu'ils reçoivent l'ordre de se retirer, et alors leurs successeurs, qui sont d'ordinaire leurs rivaux, sont disposés à défaire le bien qui a été fait, dans le but d'affirmer leur propre supériorité.

« Une rapide succession de nominations est inévitable dans une société qui est à la merci du caprice personnel, où il y a à peine une trace d'esprit désintéressé, et où les nécessités d'existence obligent chaque homme politique à combattre pour son intérêt personnel.

« Aussi longtemps que le sultan sera en même temps despote et musulman, le harem un nid d'intrigues, et le principal effort des ministres et pachas de se maintenir au pouvoir ou de le conquérir, — aussi longtemps, en un mot, que la Turquie restera ce qu'elle est, on pourra aussi bien se confier à la constance du vent que s'attendre à ce que les grands-vizirs et gouverneurs généraux occupent longtemps leurs postes. »

Or, cet état de choses, ainsi que nous démontre d'autre part M. Albert Dumont, notamment fait, que « sans cesse les Turcs se heurtent à des obstacles, et que leur passé, leurs traditions sont autant d'embarras qui les empêchent de marcher. Sans compter que les harems et ces longues heures de repos, qu'on appelle le *kief*, suffiraient pour détruire l'énergie la plus trempée, et que le progrès, chez eux, a toujours la lenteur d'un cadi du vieux temps, enveloppé de sa vaste robe, courbé sous son turban, chaussé de babouches qui lui font faire à chaque instant de faux pas. »

Peut-on soutenir de bonne foi, et avec quelque apparence de raison, en comparant cette situation de l'empire ottoman avec celle des autres États européens, que toutes les réformes ne sont pas *illusoires* en Turquie, et que la race n'a pas infuse la *haine* de ce qui fait notre force à nous, — je veux dire de la science, de l'agriculture, de l'industrie et de l'art?...

C'est, du moins, après le *Times* et M. Albert Dumont, ma conviction, ainsi que celle d'un de nos plus sympathiques journalistes, — M. Louis Asseline.

Voir *Rappel* du 11 juillet. — Ne pas confondre

avec Charles Asselineau, l'auteur d'*Italie et Constantinople*.

Pour ledit auteur, je l'ai démontré dans le précédent chapitre, les Turcs sont de... bons enfants ! Ils ont *infus* tout ce que nous leur dénions, — surtout le génie de l'ornementation. Comme tous les Orientaux, « ils savent *orner* un objet, l'embellir, l'enrichir ; décorer un monument par des ciselures et des incrustations ; tirer parti de la destination d'un meuble, d'un outil, d'un instrument et d'une disposition architecturale. »

Toutefois, après ces lignes tout en faveur de ses bons amis les Turcs, l'auteur d'*Italie et Constantinople* se voit pourtant dans la nécessité de faire remarquer que « leur esprit juste, logique, ne comprendrait pas le goût qui nous porte à placer ou à suspendre, dans nos appartements, tel objet dont la présence ne s'explique pas à la place qu'il occupe. Ils feraient volontiers alors la question du Chinois à propos des boutons cousus à l'endroit de la taille sur un habit, et qui ne boutonnent rien du tout : « Pourquoi accrocher une « peinture sur un mur ? Ne vaut-il pas mieux « peindre le mur lui-même ? » — A Paris, ils demanderaient à quoi bon couvrir de glaces les murs d'un café où l'on ne vient pas pour se mirer, mais pour fumer et pour boire ? Pourquoi incendier de lumières mille fois répercutées un lieu de repos et de loisir, où l'on a à peine besoin de voir clair?

« Quel objet charmant les Orientaux ont su faire de l'outil à fumer, le narguileh! Quelle forme singulière et élégante ils ont donnée à cet instrument de leur plaisir! Cet ajustement d'un fourneau sur une carafe était peut-être facile à trouver; mais était-il possible de le combiner plus gracieusement? Cette chose usuelle, invention d'un barbare, est devenue un objet précieux, dont les curieux parent leurs vitrines, et l'on sait tout le parti que les peintres en ont tiré. Une rangée de carafes de narguilehs lavées et rincées à grande eau, et renversées à terre pour égoutter, font une très-jolie balustrade devant la porte d'un café turc. »

Charles Asselineau, ainsi que tous les voyageurs en quête d'émotions, a négligé, on voit, l'utile pour courir après l'agréable, — rééditant ainsi, comme les Gérard de Nerval, les Théophile Gautier, *tutti quanti,* la fable du *Chien qui lâche sa proie pour l'ombre.* Je n'aurais jamais cru qu'un café turc donnât matière à rêver; parole... d'onze heures, on rêve!

. . . .

Nous voilà donc entrés dans la boutique : — un bouge,
Où fumasse, en un coin, quelque chose de rouge
Comme du feu. — Sa forme était un carré long;

Pour plancher le sol cru ; — pour lustre de salon
Un godet — suspendu par un brin de ficelle
D'où s'échappe la flamme en tremblante étincelle.
Au fond de l'antre, en bloc, sur un méchant tapis,
Trois musiciens barbus, galamment accroupis,
Faisaient de la musique — avec deux bayadères
Capables d'inspirer la danse aux dromadaires.
Jugez-en par le nom des instruments : l'un d'eux
Souffle dans le djouak un air d'en avant deux,
L'autre bat sur un tarr, tandis que le troisième,
Raclant l'arabebbah, fait grincer le poëme
Que, d'un ton nasillard, glapissent les houris
Entre un coup d'anisette, un hoquet et des cris...

C'est dit : quand on entre en Turquie, ce qui frappe, ce sont les cafés qui étalent des splendeurs... alléchantes. Chaque nation, d'ailleurs, se présente à vous un verre à la main. Un café anglais possède de la bière authentique. Je conseille aux Asselineau futurs ces sortes de stations ; ils s'instruiront et nous instruiront beaucoup.

Après les cafés, ce qui a le plus charmé notre auteur à Constantinople, ce sont les boutiques de confiseurs. Il nous apprend à l'encontre « que les Turcs sont les premiers confituriers du monde, comme les Romains en sont les premiers frituriers ; — aussi ne serait-il pas décent, à l'en croire, de quitter Constantinople sans avoir goûté aux conserves de roses et aux *rabalokoum,* espèce de pâte sucrée qui est le bonbon national. Le goût des Turcs pour les sucreries se comprend quand

on s'est habitué à leur régime alimentaire. C'est
une remarque déjà faite que l'appétit est moins
violent et l'estomac moins exigeant dans les contrées du Midi et de l'Orient, qu'au Nord et à l'Ouest.
L'air y est-il plus savoureux? Ou bien les organes,
distendus par une température molle et chaude,
ont-ils moins besoin de réparation? A Constantinople, quelques cuillerées de riz arrosées de jus
de viande sont un déjeuner suffisant; du moins, je
n'ai jamais pu aller plus loin. Après une longue
promenade ou une course fatigante, un morceau
de pâtisserie et une tasse de café sont une restauration complète. Le dîner seulement est un repas.
Du déjeuner au dîner, il suffit d'amuser l'estomac
avec des friandises; et le palais, qui a promptement perdu la saveur des mets succulents, déguste
avec délices les bonbons et les conserves les plus
aromatisés. A Top-Hané ou à Stamboul, un Parisien, qui sortirait écœuré de chez Bonnet ou de
chez Boissier, s'attable volontiers devant une sou-
coupe de confitures ou devant un plateau de sucreries.

« Ce régime léger, frugal, cette sobriété n'empêchent pas que les Turcs ne soient vigoureux. *Fort
comme un Turc!* Le proverbe se vérifie encore
pour quiconque a vu les hammals (portefaix) qui
ne mangent pas, ou guère, de viande, gravir,
chargés comme des chameaux, les escaliers de

Péra. Le véritable aliment à Constantinople, le véritable réparateur, le véritable rafraîchissement, c'est le café.

« Ces boutiques de confiseurs, très-hautes de plafond, ont, à l'encontre des cafés, des devantures fermées et vitrées. La marchandise, renfermée dans des bocaux, en compose la partie au dedans ; les tables et les canapés y remplacent les escabeaux et les bancs. Quelques-unes ont des jardins en terrasse où l'on peut aller fumer au grand air le chibouck et le narguileh. Mais à l'interieur, la cigarette seule est admise. »

Voilà ce que, dans un certain monde, on appelle connaître son Orient? Où cela a-t-il abouti? A ne pas faire connaître l'Orient le moins du monde, à ramener les esprits aux rêvasseries des *Mille et une Nuits*, et à leur faire négliger ce qu'ils devaient savoir.

On voit où ce système nous a conduits, — tant en Occident qu'en Orient.

Comme (dit entre parenthèse) cela nous intéressait beaucoup d'apprendre, de par la plume de Charles Asselineau, que la rue de Constantinople habitée par Théophile Gautier, en 1852, s'appelle actuellement *rue des Derviches!* Où la reconnaissance va-t-elle se nicher?...

Il est bien entendu que ce n'est pas précisément

l'auteur d'*Italie et Constantinople* qui est en cause ici, mais le système suivi par lui et ses devanciers en cette matière. Il y a du bon dans Charles Asselineau, voire même beaucoup de bon, — témoin cette description qu'il a faite, un jour de revue, d'un défilé de troupes turques :

« Un jour de revue, je vis défiler dans la grande rue de Péra tout un détachement de troupes turques : fantassins, cavaliers et artilleurs. Les uns et les autres faisaient triste mine. L'officier à cheval qui commandait le détachement avait des sous-pieds en ficelle; et, par-dessus sa tunique déboutonnée, son hausse-col dégrafé ballottait au bout de la chaîne. Les tambours qui le suivaient battaient chacun pour son compte, et de façon à faire frémir même un garde national. Plus loin, la musique de la cavalerie exécutait un charivari diabolique avec des instruments bons à donner en étrennes aux petits enfants : c'étaient des tambours à caisse de bois, des flûtes de pâtres, des trompettes sans clefs, des fifres, des cors bossués jusqu'à l'embouchure, que les trombones ne parvenaient pas à rappeler à l'ordre. Les fantassins couverts de poussière, et qui paraissaient exténués de fatigue, marchaient courbés comme des hammals, portant d'une main leur fusil à volonté sur l'épaule et tenant de l'autre un linge sale dont ils s'essuyaient le front. Ces morceaux de guenille, agités par toutes ces mains, faisaient le plus singulier effet dans les rangs. Il me semblait voir un régiment conduisant à sa dernière demeure un colonel adoré et pleurant le père du soldat. Le soir, à l'hôtel, un Français qui avait assisté à la revue nous fit cent contes bouffons du désordre mis dans les manœuvres par la multitude de domestiques des officiers supérieurs, qui suivaient partout leurs maîtres, portant, l'un sa pipe, et l'autre son parasol.

« Les soldats turcs, ridicules dans les rangs, passent cependant pour braves et ont fait leurs preuves de courage pendant les dernières guerres.. C'est peut-être pour cela qu'ils se soucient peu d'imposer à l'ennemi par une tenue rigoureuse.

« Il faut toùt dire : le sultan devait alors (en 1865) six mois de solde à son armée; et le ministre des finances offrait aux officiers et aux soldats de leur payer moitié de la dette, à la condition qu'ils abandonneraient le reste. Ceci, terminait Charles Asselineau, excuse bien les sous-pieds en ficelle et les mouchoirs sales. »

III

Dans son voyage en Bulgarie en 1867, le voyageur Guillaume Lejean a, par une seule petite
phrase, posé la question d'Orient en ses vrais
termes.

Il arrive sur une falaise de la rive turque du
Danube, et il oppose le spectacle qu'il découvre

sur un des bords du grand fleuve à celui que présente le bord où il se trouve. Sur la rive roumaine,
tout respire l'activité productrice et féconde, la
richesse et la civilisation. Dans le morne pays qui
s'étend derrière lui, ce ne sont, au contraire, que
choses grises, croulantes, ruinées, stagnantes :
tout respire la décadence et la barbarie.

« Eh! quoi, s'écrie-t-il, cette civilisation est
vassale de ce qui croupit et croule là autour de
nous, et il ne manque pas de très-braves gens qui
trouvent que cela est parfait, et que cela peut du-
rer encore dix ans, encore vingt ans peut-être! »

Là gît, en effet, le défaut de la cuirasse de la
question d'Orient.

Voici, entre autres feuilles turcophiles, comment s'exprimait le *Temps* à cet égard, dans son
numéro du 31 août 1875 :

« L'accord de toutes les puissances signataires
du traité de Paris est un fait considérable, rassu-
rant par lui-même, et plus encore par les conditions où il se présente. Si l'insurrection doit demeurer circonscrite, si aucune puissance ne veut
l'exploiter, si elles se sont toutes entendues pour
la décourager, il paraît impossible qu'elle ne dés-
arme pas ou qu'elle ne soit pas assez promptement
réduite. Pour peu qu'ensuite la Turquie sache,
sinon introduire des changements durables, au
moins donner satisfaction aux griefs les plus pres-

sants, les populations, allégées d'un côté, averties
et assagies de l'autre, pourront prendre patience,
et la question d'Orient pourra s'assoupir de nou-
veau pour quelques années. Dans les conditions
présentes du monde oriental, *c'est le mieux qu'on*
puisse espérer. »

M. Henri Grignan, l'auteur du *Démembrement*
de l'Empire ottoman (chez Dubuisson et Cie, rue
Coq-Héron), a pris acte de cet aveu. Les partisans
de l'intégrité de cet empire ne se dissimulaient déjà
pas, il y a un an et demi, qu'il leur était interdit d'attendre de la Porte les concessions qui étaient nécessaires pour réclamer le calme dans les provinces
chrétiennes. Leur ambition se bornait à lui demander de pourvoir aux plus pressants, et ils ne
s'apercevaient pas qu'ils faisaient jouer à l'Europe
le rôle le plus perfide et le plus ridicule à la fois !
Perfide à l'égard des chrétiens, puisqu'on leur
faisait déposer les armes en échange de concessions ou de promesses dérisoires. — Ridicule aux
yeux du monde entier, puisqu'on n'obtenait d'autre résultat que *d'assoupir la question d'Orient*
pour quelques années.

Ce n'est pas d'il y a un an et demi et d'aujourd'hui
que cette politique a trouvé des défenseurs, mais il
semblait à M. Grignan et il me semble qu'elle avait
été et qu'elle est suffisamment condamnée par
l'opinion publique pour être abandonnée. Il y a

déjà longtemps, en effet, que l'Europe a cherché à résoudre la question d'Orient, et c'eût été peut-être, M. Grignan le reconnaissait, le parti le plus prudent et le plus sage avec un gouvernement capable de s'amender, de s'améliorer, de se transformer. Mais, je le répète, il faut bien reconnaître, pour peu qu'on soit de bonne foi, que la Porte n'a réalisé aucune réforme, aucun progrès ; qu'elle n'a absolument rien fait pour prévenir le réveil de cette éternelle question d'Orient, qui revient périodiquement troubler le repos de l'Europe.

Dira-t-on que M. Grignan a exagéré, que j'exagère, et que le gouvernement turc vaut mieux que sa réputation ? Consultons à ce sujet un homme de mérite, qui a passé plusieurs années en Orient et qui est constamment resté à l'écart des luttes politiques :

« En matière de justice, suivant M. Émile Burnouf[1], l'arbitraire envers les raïas est toujours le même. Comme le Koran est pour les Turcs la loi religieuse et civile à la fois, et que, sur les principes essentiels que nos législations tirent de la philosophie, le Koran est en opposition avec les doctrines de l'Occident, il n'y a pas de transaction

---

1. Voir dans la *Revue des Deux-Mondes*, n° du 1er septembre 1875, l'article intitulé : *La Grèce et la Turquie en 1875.*

possible. Il faudrait que les chrétiens abandon-
nassent leurs doctrines les mieux établies et ad-
missent sur le sol musulman le contraire de ce
qu'ils admettent chez eux, ce qui ne paraît pas pro-
bable, ou que les musulmans avouassent qu'il y a
dans leur livre saint des principes erronés, ce qui
est plus impossible encore. Il en résulte que, *de
toutes les améliorations promises et décrétées par
des hatts depuis 1855, aucune ne s'est réalisée.*
Le gouvernement de Constantinople décrète des
mesures et les proclame dans les provinces, mais
il y est impuissant à les faire exécuter; il rencontre
partout des pachas et des cadis qui ne peuvent,
sans s'exposer aux plus grands périls, se mettre
en lutte avec les populations musulmanes qui les
entourent. Ils promettent d'obéir et n'obéissent
pas; la promesse est générale et abstraite, et,
dans les réalités de chaque jour, les affaires continuent de se traiter selon les anciens us et abus.
Les raïas savent bien qu'il n'en peut être autrement; ils n'attendent rien du gouvernement
central, dont ils constatent l'impuissance, ni de
l'action des puissances étrangères, qui est nécessairement locale et de courte durée. Tout leur
espoir est dans la foi qu'ils ont en l'espoir de leur
race. »

C'est ainsi que s'exprimait le savant directeur
de notre école d'Athènes, aujourd'hui recteur

d'Académie à Bordeaux, et, s'il en était besoin, je pourrais invoquer avec M. Henri Grignan, à l'appui de ses assertions, qui elles-mêmes, on voit, viennent à l'appui de celles du *Times* que j'ai citées dans le chapitre précédent, vingt autres témoignages semblables. Mais à quoi bon? — La cause des Slaves ottomans n'est-elle pas jugée depuis longtemps par l'opinion?...

Avant Guillaume Lejean, M. Émile Burnouf et M. Henri Grignan, lord Byron, dans une note de son *Child-Harold*, avait déjà défini comme suit la question d'Orient :

« Les Ottomans, avec tous leurs défauts, ne sont point un peuple méprisable. Égaux au moins aux Espagnols, ils sont supérieurs aux Portugais. S'il est difficile de dire ce qu'ils sont, il est aisé de dire ce qu'ils ne sont pas : ils ne sont pas lâches, trompeurs, assassins ; ils ne brûlent pas les hérétiques ; ils sont fidèles à leur sultan jusqu'à ce qu'il devienne incapable de régner, et à leur Dieu, toujours, sans inquisition. S'ils étaient un beau matin arrachés de Sainte-Sophie et remplacés par les Français ou les Russes, il est douteux que l'Europe gagnât au change ; *au moins est-il certain que l'Angleterre y perdrait.* »

Encore, dit en passant, un brave homme d'auteur qui, ainsi que Charles Asselineau et le chantre

de *Jocelyn*, a osé prétendre que les Turcs sont de
— bons enfants!

« Les Turcs, comme race d'hommes, comme nation, sont encore les premiers, les plus dignes,
parmi les peuples de l'Orient.

« Leur caractère est le plus noble et le plus grand;
leur courage est intact; leurs vertus religieuses,
civiles et domestiques sont faites pour inspirer
à tout esprit impartial l'estime et l'admiration.

« Leur noblesse est écrite sur leur front et dans
leurs actions; s'ils avaient de meilleures lois et
un gouvernement éclairé, ils seraient un des premiers peuples du monde.

« Tous leurs sentiments sont généreux. C'est un
peuple de patriarches et de contemplateurs, d'adorateurs et de philosophes; quand Dieu a parlé
pour eux, c'est un peuple de héros et de martyrs...
Une pareille race d'hommes, selon moi, fait honneur à l'humanité. »

A l'encontre de ces lignes élogieuses, on peut
se rappeler qu'une correspondance autographiée
des *Échos d'Orient*, feuille turcophile, a joué à
M. Émile de Girardin, dont le journal s'est donné la
mission de chasser à lui seul les Turcs d'Europe, le
tour d'opposer M. de Girardin à M. de Girardin.
C'était de bonne guerre, assurément, et le directeur de la *France* était trop beau joueur pour
n'en pas convenir.

Dans ses *Solutions de la question d'Orient*, réfutation anticipée, à en croire les partisans de l'intégrité de l'empire ottoman, de *La Honte de l'Europe*, M. de Girardin fait un éloge enthousiaste des Turcs. Il s'est approprié entres autres (page 49), comme étant l'expression de son opinion personnelle, cette page de l'auteur de l'*Histoire de la Turquie,* qu'on vient de lire.

En galant homme qu'il est, à l'instar de certaines femmes qui font aujourd'hui profession de porter de la fausse hermine ou de faux bijoux, M. Émile de Girardin, comme lord Byron, comme Lamartine, comme l'auteur d'*Italie et Constantinople*, a, l'on voit, sauf un léger amendement, et par erreur, pris pour devise dans la circonstance cette maxime du poëte français :

Rien n'est vrai que le faux ; le faux seul est aimable !

Avant lui, sans le vouloir, quoi qu'il en soit, le poëte humouriste et satirique anglais a donné de son côté dans sa spirituelle boutade la véritable explication de l'expédition de Crimée ; des réticences de l'Angleterre à accéder à la politique de la Russie, de l'Autriche et de l'Allemagne à Ems, Jugenheim, Reichstadt et Salzbourg, et du fameux *statu quo ante bellum* que, pour sauvegarder ses capitaux engagés et les intérêts de son commerce, elle espère éterniser en Turquie.

« Je ne discute avec quiconque me dit que le maintien de l'empire ottoman n'est pas pour l'Angleterre *une question de vie ou de mort.* » (Lord Chatam, en juillet 1839.)

L'Angleterre, en effet, tient à rester à Constantinople, parce que le *statu quo* en question lui permet de… shyloker tout à son aise en Orient ; l'Allemagne y tient, de son côté, parce qu'il doit en sortir pour elle, un jour ou l'autre, la libre possession de la Baltique et un débouché par l'Adriatique sur la Méditerranée et les Échelles du Levant ; l'Autriche-Hongrie, pour pouvoir maintenir sous sa domination les populations si diverses qu'elle abrite, ou plutôt étouffe sous son manteau, — un vrai manteau d'arlequin ! suivant l'expression heureuse de l'écrivain qui signe : « Jean l'Ermite » dans la *Revue de France ;* enfin, la Russie y voit toujours…

La Russie, l'Autriche-Hongrie, l'Allemagne, John Bull et la Turquie en présence, c'est, en bloc, à l'heure qu'il est, le panslavisme, le magyarisme, le pangermanisme et le mercantilisme à outrance près de s'éteindre, ou dans un vaste étouffement, ou dans un immense embrassement ; car c'est, évidemment, la solution de la question turque qui précipitera et décidera l'événement.

A quoi bon le dire ? Personne n'empêche, je le répète, les dénégations du tzar et Cie à lord Loftus à Livadia [1], — personne ne continue d'ignorer, à l'heure qu'il est, que la route de Byzance, indiquée par le testament de Pierre le Grand et l'ambition de Catherine II, n'a cessé d'être la grande préoccupation de la politique moscovite, — préoccupation qui peut se résumer ainsi qu'il suit :

« L'Orient est à l'Occident ce que le lever du soleil est à son coucher. Constantinople est la clef des détroits. Étant la clef des détroits, elle est aussi la clef de la domination universelle et la capitale du monde. Et rien n'est mieux prouvé par l'histoire : Constantin avait mis sa capitale à cheval sur l'Europe et sur l'Asie ; Mahomet II avait suivi l'exemple de Constantin ; les tzars veulent suivre celui de Constantin et de Mahomet II : donc.... »

1. Il faut savoir, quand la Russie parle, ce que cela veut dire. Quand elle répond blanc, c'est toujours le contraire qu'il faut croire.

A ce sujet, d'après une dépêche de Constantinople du 21 juillet, communiquée par le *Daily Telegraph*, le général Ignatieff, dans une entrevue avec le correspondant de ce journal dans cette ville, exprimait déjà l'opinion qu'un armistice ne pouvait manquer d'avoir lieu bientôt, et qu'il serait probablement amené par l'action réunie des six grandes puissances. Dans le pensée de ce diplomate, on peut se souvenir, les difficultés pendantes pouvaient être arrangées en partageant la Bosnie entre l'Autriche et la Serbie, et en donnant l'Herzégovine au Monténégro. Quant à la Russie, « elle ne voulait pas Constantinople ; elle désirait seulement que cette ville fût *neutralisée*, et que le Bosphore fût libre pour tous. »

Lorsque Mahomet, marchant à la conquête du pays de Damas, aperçut des hauteurs du Liban la radieuse cité syrienne — sur laquelle, selon lui, les anges de Dieu ont étendu leurs ailes, et que les géographes musulmans ont surnommée : collier de la magnificence, plumage des paons du paradis, irem aux minarets innombrables, il fut si frappé de sa beauté, que, s'arrêtant soudain, il refusa, dit la légende, d'y entrer. « L'homme ne peut prétendre qu'à un seul paradis, s'écria-t-il, et pour ma part, j'ai résolu de ne point prendre le mien dans ce monde. »

Les tzars, quoique orthodoxes, ne sont pas, comme on vient de voir, à l'encontre de Constantinople, du même avis que le Prophète et les géographes musulmans à l'encontre de Damas.

Politiquement parlant, — bien entendu ; car si de Beyrouth, ils partaient pour cette ville en compagnie d'un Asselineau quelconque, ils s'arrêteraient d'abord avec lui pour admirer le magnifique aspect des montagnes du Liban, qui s'étendent du midi au nord, depuis Tyr jusqu'à Tripoli, sur un espace de quarante lieues.

De l'ouest à l'est, depuis la mer jusqu'au pays de Damas, ces montagnes ont trente lieues d'étendue. Le Liban, pays des Maronites, et l'Anti-Liban, habité par les Druses, séparés par la grande vallée de Bekaa, forment, l'un, la partie occidentale, l'autre, la partie orientale de ces monts, dont le nom, *Leban*, en arabe et en hébreu signifie lait. L'abondance des riches cultures qui s'y développent justifie amplement ce nom, car on se croit transporté soudain dans un pays enchanté, en présence duquel on reste en contemplation et comme fasciné par le grandiose des paysages qui vous environnent.

Quel imposant tableau, en effet, qu'un lever ou un coucher du soleil en ces lieux! Qu'ils sont riches de ton, jetés pêle-mêle, heurtés et taillés à la façon du sublime, ces monts portant à leur sommet des monastères ou des églises, autour desquels se groupent çà et là, comme sur les collines des environs d'Aix ou de Marseille, des habitations à terrasse, semblables à des monuments pélasgiques, à de grands cubes de pierre posés dans des bouquets d'arbres! Qu'ils sont réjouissants ces coteaux en espaliers couverts de vignes qui fournissent le *vin d'or!* Quels aspects pittoresques offre cette Méditerranée qui déroule à perte de vue son tapis azuré; Beyrouth, avec les ruines de la tour de Fakr-Eddin [1] qui s'avancent dans la mer; et Kaïfa

1. Fakardin, l'un des princes du Liban, selon l'auteur des *Silhouettes orientales*, « qui sut s'attirer une célébrité européenne par son esprit policé et surtout par sa tolérance envers les chrétiens. On assure même qu'il se convertit au christianime, et un historien musulman prétend qu'il périt sous le coup de cette accusation par ordre du sultan Amu-

que domine le mont Carmel; et Jaffa, avec ses
dômes éblouissants; et les côtes, couleur de pourpre, de la Terre-Sainte!...

La route de Beyrouth à Damas va de la sorte
de l'ouest à l'est. C'est un voyage de trente heures. Vu des hauteurs du Liban, le territoire de
Beyrouth, comme celui de Damas, présente le
plus beau spectacle; au sud la forêt d'oliviers;
près de Beyrouth la forêt de pins, et cette vaste
étendue couverte de mûriers et de palmiers, et la
terre rouge de la côte, et la ville et la mer immense à l'horizon... Tout cela, je le répète, offre
une succession de tableaux attachants avec des
teintes et des couleurs d'une variété infinie.

Ce qui frappe peut-être le plus en entrant dans
le Liban, c'est la culture qui se déploie de toute
part au milieu d'un terrain rocheux; il n'est pas
un pouce de sol susceptible d'être remué, qui
n'ait été travaillé par le fer agricole des monta-
gnards. Le sol pierreux, devenu terre féconde,
est planté de vignes, d'orangers, d'oliviers et de
mûriers; les épis mûrissent à l'ombre des rocs es-
carpés.

La route s'engage bientôt dans de profondes
solitudes; elle serpente sur des versants dange-

rath IV, lequel sultan, durant les dix-sept années de son
règne, égorgea de sa main, ou fit égorger sous ses yeux
14,000 chrétiens. »

reux, et le voyageur, forcé de n'avancer que très-lentement, peut jouir à l'aise des merveilleux points de vue qui se succèdent à chaque détour.

Ainsi s'étend la route de la montagne jusqu'au joli village de Kafr-Jeta, gracieusement bâti sur les bords du Barradi, dont les eaux vont ensuite baigner Damas, la ville sainte des musulmans de ces contrées.

Le Barradi a un charme tout particulier pour l'Européen : les peupliers et les saules, les platanes et les noyers qui se pressent sur ses bords, lui rappellent la patrie absente.

Cinq heures de marche seulement séparent Kafr-Jeta de Damas, qui, dès la première vue, présente le plus ravissant spectacle qu'on puisse rêver. L'aspect de Constantinople est plus pittoresque, plus oriental ; le mouvement des sept collines qui l'entourent et le voisinage de la mer donnent à la ville des sultans quelque chose de plus varié, de plus nouveau ; mais Damas a un charme grandiose qui plaît bien plus à l'imagination. C'est une grande cité blanche avec des minarets et des coupoles, étendue en forme de mandoline, au milieu de vastes jardins semblables à un lac d'azur ; vous diriez des milliers de tentes groupées avec art dans une plaine étincelante de verdure. Cette nature, si unique dans son éclat et

sa fraîcheur, semble un vrai sourire du ciel sur la
terre...

Mais revenons à Constantinople et à ces bons
enfants de Turcs qui, selon Charles Asselineau,
ont infus l'*amour* de la science, de l'agriculture,
de l'industrie et de l'art.

A ce dernier sujet, l'auteur d'*Italie et Constantinople,* pour nous convaincre, nous conduit à
l'aqueduc élevé vers la moitié du siècle dernier
par le sultan Mahmoud, premier du nom, pour
conserver et amener l'eau des sources dans la
ville aux sept collines. Après une heure et demie
environ d'une montée assez raidé par un chemin
raboteux, mais constamment bordé d'une verdure
vigoureuse et pure de poussière, on aperçoit l'a-
queduc en question, auquel l'ardeur du soleil et
les plantes pariétaires qui le revêtent par endroits
donnent le même aspect de ruine antique que
prend à de certaines heures l'aqueduc de Marly vu
du quai de Bougival. Plus loin se trouve le *Bend*
ou réservoir, construction massive à façade circulaire et soutenue par d'épais contre-forts. En
avant du Bend se projettent en divers sens de lar-
ges canaux aux parois maçonnées, et traversés par
des ponts au milieu desquels s'élèvent de hautes
tablettes de marbre, portant sur fond vert des
inscriptions en lettres d'or. N'ayant pas autour de

lui d'interprète, Charles Asselineau ne put que supposer qu'elles contenaient, suivant l'usage des versets du Korán, les louanges du fondateur « et peut-être aussi l'historique des travaux. »

Ces constructions gigantesques, cet aqueduc, ces ponts et tout cet appareil monumental de l'industrie turque, perdu au milieu d'une forêt silencieuse et déserte, sont, à ses yeux, d'un effet surprenant. On croit voir les restes d'une ville détruite et d'un grand empire abandonné. Les canaux au lit desséché, tels qu'ils le sont en été, la façade close et muette du Bend, ses inscriptions mystérieuses vous reportent aux féeries des contes arabes. On rêve à quelque prince des îles Noires ensorcelé dans ce massif tombeau, et attendant la conjuration triomphante qui doit, en délivrant son âme, désenchanter l'eau des fleuves, animer la forêt et la plaine, et rendre leur forme première à ses sujets métamorphosés en arbres et en buissons.

Il n'est pas nécessaire d'être ingénieur ni hydrographe, suivant l'auteur d'*Italie et Constantinople*, pour comprendre la grandeur et la perfection de ces travaux. Il ne resterait de la ville des sultans ruinée et anéantie que ce gigantesque appareil, qu'il suffirait à attester l'existence d'un grand empire et d'un puissant peuple. Ici le mot *barbare* ne peut être prononcé que par ironie.

« Et en vérité, à l'entendre, de quoi sommes-nous si fiers? Ce même peuple, qui a élevé cinq cents mosquées, qui a créé des types admirables en architecture, ce peuple brave et conquérant, qui nous bat sur le marché des productions artistiques et demeure le maître inimitable des productions qu'il a créées, il lui reste encore assez de force et de gloire pour se montrer supérieur dans cet ordre d'entreprises où nous nous croyons sans rivaux, et que nous considérons orgueilleusement comme le privilége exclusif de la civilisation européenne! »

Charles Asselineau ne sait s'il était dupe en ce moment des impressions de la solitude et du silence, ou si l'or éblouissant sur le vert éblouissait ses yeux; mais il lui semblait voir dans l'ordonnance et l'exécution de ces constructions, combinées pour un but d'utilité, un caractère grandiose, une beauté qui manque aux nôtres. Les Orientaux, les Turcs, à l'en croire, auraient été capables de faire quelque chose de beau des chemins de fer, de leurs machines et de leurs bâtiments.

A peu de distance du Bend se trouve une vaste plaine onduleuse, tout entourée d'arbres, et au centre de laquelle est une ferme assez importante. L'auteur d'*Italie et Constantinople* s'y arrêta quelque temps pour laisser reposer les chevaux de son escorte.

Assis à l'ombre, sur la natte fournie par un cawedji (cafetier) des bois, il s'amusait à ce singulier jeu d'esprit qui consiste à transporter un lieu dans un autre et à se figurer l'endroit où l'on est placé sous une autre latitude et dans un autre pays. Assurément une plaine n'est partout qu'une plaine, et une ferme turque ne diffère pas sensiblement d'une ferme française : les poules gloussent, les moutons bêlent, les vaches beuglent dans la Roumélie comme dans la Beauce. Les arbres qui entouraient notre auteur turcophile et ceux qu'il voyait aller et venir autour de lui, chênes, platanes, mélèzes, domestiques, journaliers, croissent, circulent et sont affairés à Saint-Germain et à Meudon aussi bien que dans la campagne du Bosphore. L'herbe sur laquelle il était assis était bien la même qu'il avait foulée aux environs de Paris. Le ciel même, ce ciel de Constantinople, si voilé, si tendre, si timide en quelque sorte, est moins différent du ciel parisien que le ciel de Naples ou d'Avignon. Et malgré tout cela, ou plutôt avec tout cela, il lui était impossible de plonger dans l'illusion et d'imaginer qu'il fût en France. Ce n'était pas seulement la lumière plus vive et l'atmosphère plus chaude qui déroutaient sa crédulité; c'était surtout, il finit par le comprendre,

la vigueur d'une végétation libre, l'opulence d'une
terre non tourmentée et que la science moderne
n'a point soumise à son régime d'exaction. En
Turquie, pays des harems, tout est libre, jusqu'aux brins d'herbe. Ce n'est pas par paresse que
le paysan turc ne cultive pas; car il est fort, labo-
rieux, sobre, et n'est point, étant abstème et jo-
bard, abruti par les vices ignobles des paysans de
nos campagnes, l'ivrognerie et l'avarice. Mais il
aime la terre comme une nourrice généreuse, et
respecte le mystère de sa fécondité. Rien n'est
plus simple, autant que l'auteur d'*Italie et Constantinople* a cru s'en convaincre en parcourant la
campagne du Bosphore, que la culture en cet heureux pays. Les soins du métayer se bornent à
creuser autour du champ des rigoles pour recueil-
lir les eaux du ciel et des sources. Ni labourage,
ni semailles : la terre accouche ici sans forceps.
Tout vient et tout pousse naturellement, sans contrainte, à la grâce du soleil et des vents. Le métayer qui se loge la nuit dans une cabane de ber-
ger, exhaussée sur des poteaux par précaution
contre les loups et les renards (heureux pays!),
est moins un agriculteur qu'un jardinier; et, par
sentiment de reconnaissance toujours pour ces...
bons enfants de Turcs, cet excellent Charles Asselineau pousse la condescendance jusqu'à se figurer
que, si son homme tient à passer la nuit sur son

champ, c'est par amour de la nature et pour se donner le plaisir, à son réveil, de surprendre, par le sabord de sa logette, le mystérieux travail de cette terre dégoûtée, qui ne doit rien à ses sueurs et ne veut être baignée que par la rosée !

Ne dirait-on pas une églogue de Virgile ou un chapitre du *Fellah?* Bien certainement, avant d'écrire son livre, M. Edmond About a dû s'inspirer des hexamètres pastoraux du poëte de Mantoue et de la prose rustique de Charles Asselineau ! — A la différence près que celui-ci appréhendait l'avenir qui était réservé à ces contrées encore vierges par les... grandes compagnies de l'Occident.

« O terre de Thrace, s'écriait-il, tu connaîtras la fouilleuse et l'engrais artificiel, comme déjà les vieux Osmanlis de Stamboul connaissent les consolidés ! »

Les consolidés étaient la grande préoccupation des esprits lors du passage de Charles Asselineau à Constantinople. On n'y parlait pas d'autre chose. Les banquiers et les négociants français, russes et allemands — allemands surtout — jouaient sur les consolidés; et les Vieux-Turcs eux-mêmes, cette race si fière, si noble, si dédaigneuse du gain et de l'argent, qui entasse ses richesses dans ses coffres, n'estimant l'or que comme parure à ses ar-

mes, comme monture à ses joyaux, comme brode-
rie à la selle de ses chevaux, et qui abandonne
aux Juifs la loi sordide de l'intérêt, — oui, ces
gens-là, les descendants d'Othman et des Califes,
allaient à la Bourse s'enquérir du taux des consolidés !

Je pense ici comme Charles Asselineau : ce qui
démoralise un peuple, ce qui lui fait perdre son
caractère et son âme nationale, ce n'est ni la fréquentation d'autres peuples, ni l'industrie, ni le
commerce : c'est l'argent. Les fabriques lyonnai-
ses n'étaient encore, en 1865, que les singes des
ouvriers du bazar de Constantinople et des métiers
anatoliens ; les bateaux à vapeur du Bosphore ne
faisaient tort qu'aux caïques ; les chemins de fer
d'Autriche et d'Italie pouvaient enjamber la Corne
d'Or et déboucher à l'Atmeïdan sans ébranler les
fondements des mosquées. Mais le jour où les Ottomans auraient compris la théorie du placement
et le mécanisme de la spéculation, adieu la vieille
foi musulmane, adieu la fierté, adieu la probité
turques ! Les descendants d'Othman et des conquérants de Byzance ne seraient plus que des calcu-
lateurs affairés, et les trésors des vieilles familles
se monnayeraient pour servir de couverture chez
les agents de change de Galata et du Phanar.

Ce qui, selon l'auteur d'*Italie et Constantinople*,
pourra convertir les Islamites à l'unigamie, ce n'est

pas la propagande des missionnaires chrétiens,
c'est la cherté des terrains. Dès que la spéculation
aura coté la valeur du terrain à Constantinople,
les pachas effrayés calculeront ce que leur coûte
l'étendue de leurs harems et trouveront plus économique de vivre avec une seule femme, dans une
maison à cinq étages.

« Et, ajoutait-il, je ne parle pas seulement en
voyageur, ami du pittoresque et curieux des anciennes coutumes, mais en philosophe qui sait que
la moralité d'un peuple tient à ses traditions et à
ses usages. En somme, un polygame qui respecte
la femme d'autrui est plus près de la vertu qu'un
époux adultère et qu'un célibataire libertin. »

Un des charmes particuliers de la campagne du
Bosphore, au dire toujours de Charles Asselineau,
c'est de rappeler les souvenirs de la vie homé-
rique. Devant cette ferme rencontrée au milieu
de bois silencieux, il pensait à Eumée et à l'hospitalité si simplement offerte à un roi déguisé en
mendiant par Minerve. Ces plaines cultivées près
de la mer le faisaient songer à l'arrivée d'Ulysse
chez les Phéaciens : la ville d'Alcinoos était ca-
chée sans doute derrière ces arbres ; les serviteurs
allaient venir, et cette fontaine était celle de Nau-
sicaa. Ces forêts respectées, ces champs fertilisés
sans peine, cette nature vigoureuse, calme, luxu-

riante, qui sourit à l'homme, le protége et le nou-
rit, respirait la douceur, l'abondance et la grandeur de la vie héroïque et patriarcale. Le Turc des
anciens jours vivait de sa terre, se nourrissait du
riz de ses champs et des moutons de ses troupeaux;
les chevaux qu'il montait étaient nés de ses ca-
vales. Sa maison, son palais, sa ferme, son trésor,
ses armes étaient son patrimoine. Il n'était pas
plus question d'argent dans tout cela que dans
l'Odyssée et dans la Bible. La main était libérale
et l'hospitalité généreuse, parce qu'on ne se doutait pas alors que le terrain est une *valeur* qu'on
peut réaliser, et le pain une marchandise qui se
négocie.

En 1865 déjà, comme on a vu plus haut, sous le
régime de l'emprunt, les soldats de la Porte étaient
en guenilles, faute de paye. Les janissaires, avant
eux, étaient magnifiquement équipés et soldés
comme des princes. S'ils rançonnaient les passants
devant leurs corps de garde, ce n'était pas par
manque d'argent, bien au contraire; c'était l'insolence d'une troupe privilégiée, fière du haut prix
de ses services et levant le tribut du luxe sur le
pékin. Et dans ce temps-là, d'ailleurs, les raïas
seuls et les pays soumis par la guerre payaient
l'impôt.

Mais, peut-être demandera-t-on, où tend cette
élégie économique? « Hélas! répondait l'auteur

d'*Italie et Constantinople*, ce n'est qu'une rêverie de voyageur. Je ne suis pas assez niais pour prêcher des réactions impossibles et prétendre arrêter le cours de la fatalité ; mais je plains ce grand empire qui s'écroule ; je plains ce peuple près d'échanger ses croyances, ses mœurs et ses arts contre une civilisation contradictoire à sa nature, et dont il ne prendra que les vices, d'après cette loi qui fait qu'un aliment non assimilable est un poison. Je pleure enfin sur cette vieille métropole musulmane menacée du marteau et du cordeau des progressistes, parce que j'ai la conviction que chaque pierre qui tombe d'un vieil édifice ou d'une vieille maison entraîne avec elle une vertu et une idée. »

Oui, pleurez, ô bons turcophiles, sur la terre des Constantin et des Paléologues ! Pleurez sur cette admirable campagne du Bosphore dont les merveilles faisaient votre joie, dont l'air embaumé, les bosquets de santal et les forêts de citronniers auraient pu former le paradis des houris ; dont la mer paisible laissait voir les rocs de corail rose et le lit d'ambre jaune ; dont les montagnes, fécondées du soleil, étaient semées de diamants, et les ruisseaux, semblables à de riches fiancées, roulaient des paillettes d'or ! Pauvre terre de Thrace ! Aujourd'hui tes rivières coulent du sang humain ;

une odeur de mort s'échappe de tes bocages, et l'homme, victime de l'homme, mêle sa corruption aux parfums de tes fleurs innocentes ! O patrie du soleil, quel pied impie profane ton sol?... C'est l'homme d'Iconium! plein de rage, plus rapide que ne courent les comètes aux embrassements du soleil, plus prompt que les torches étoilées lancées la nuit par les anges aux audacieux esprits des ténèbres qui veulent envahir l'empyrée, il accourt, il accourt, et les diadèmes de l'Orient gisent parsemés sur sa route... Mainte mère de famille, jeune et aimée, sent de nouveau une main impudique arracher de son sein des diamants qui vont orner le cou de ses féroces limiers; les vierges, les enfants sans défense, succombent dans les bras de leurs parents affolés ; les prêtres sont massacrés dans leurs temples, et les ondes sacrées du Danube roulent à regret de sanglants débris et de saintes reliques...

Partout, partout, le spectacle navrant de couvents et d'églises consumés par la flamme, de villages ravagés en entier par le fer et le feu, d'une multitude innombrable de gens de tout âge, de toute condition et de tout sexe, en partie horriblement mis à mort, en partie réduits à fuir et à chercher un refuge contre un trépas imminent.

Voilà ces... bons enfants de Turcs, ô bons

turcophiles! Voilà comment ils prient pour nous sur la terre du Prophète, ô bon monsieur Asselineau !.

« Prie pour moi, bon muezzin, sur la terre du Prophète : je tâcherai qu'on te le rende sur la terre d'Aïssa ! »

IV

Une Saint-Barthélemy orientale. — Le Harat-el-Naçara à Damas. — Description de cette ville. — Exclusivement et inclusivement. — En plein Liban. — Mœurs des chrétiens et chrétiennes de ces contrées. — Récolte de la soie. — Parallèle entre la vie utile et occupée des populations libanaises et l'oisiveté musulmane. — Coup d'œil rétrograde sur les massacres de Damas. — Tenants et aboutissants. — Ce qu'on ne s'avoue pas assez en Europe sur bon nombre d'événements de la vie politique orientale. — Une œuvre d'extermination. — Sympathies druses pour les missionnaires anglais. — A ce sujet. — Pseudo-influence de John Bull à l'étranger. — Anecdote locale concernant l'émir Béchir. — Une idole que l'Angleterre ne consentira jamais à brûler bénévolement. — Une puérile terreur. — Au grand jour de la publicité et de la libre discussion. — Diplomatie des Orientaux. — Jalousies de puissance à puissance. — Où en sont logés la plupart de nos grands politiques concernant les affaires d'Orient. — Qui sont les vrais coupables des massacres de 1860. — A propos de l'affaire de Salonique et des dénégations *à priori* de l'Angleterre en présence de la constatation unanime des cruautés commises par les bachi-bozoucks. — Horribles choses. — Atrocités en Bulgarie et en Bosnie. — Le rapport Baring. — Ces bons bachi-bozoucks! — Eloquent plaidoyer de Victor Hugo en faveur de la Serbie. — Ce que conseille de faire l'Italie en Orient. — Une question qui mérite qu'on l'étudie à fond.

Prie pour moi, ô bon muezzin... Ainsi que je l'ai fait remarquer dans mon premier chapitre concernant la manière d'être des musulmans en général, des Turcs en particulier, vis-à-vis de nous dans la circonstance, c'est le 9 juillet 1860, à midi, à l'heure où les muezzins appelaient du haut des minarets les fidèles croyants à la prière, qu'ont commencé les massacres de Damas. Tout ce que le fanatisme, l'ignorance, la sauvagerie, la bestialité peuvent conseiller, fut, on peut se rappeler, déjà consommé dans le quartier chrétien de cette ville, le *Harat-el-Naçara*, où les phalanges civilisatrices du christianisme libanais prospéraient alors et essayaient de se relier à nos travailleurs et artistes d'Europe, par les fils d'or et de soie de leurs brillantes étoffes, par leurs arts, leur instruction, leur science, leurs élégantes manières et leur négoce universel.

Le Harat-de-Naçara est le quartier le plus propre et le plus riche de Damas. Vue de près, cette ville reprend le caractère commun à toutes les villes musulmanes : des rues étroites et bizarrement tracées, des maisons uniformes et extérieurement tristes et silencieuses, d'innombrables édifices religieux, dont quelques-uns, anciennes églises chrétiennes, sont fort beaux.

Damas a dix-huit portes, et les hommes préposés à leur garde ont reçu une consigne sévère. Nul chrétien, quel qu'il soit, ne peut franchir les portes à cheval ou en turban blanc ; de plus, tout chrétien, à quelque nation qu'il appartienne, est tenu de payer en entrant un tribut de cinq à six paras.

Toutes les habitations sont revêtues de terre ou de boue blanchâtre, et l'on dirait qu'elles ne renferment que des pauvres. Mais quel contraste à l'intérieur! Quels éblouissements de luxe et de splendeur y attendent l'étranger! Les cours sont pavées de marbre blanc, les appartements sont richement décorés de divans cramoisis à crépines d'or, de lambris dorés et peints à la mode orientale, de tapis et de nattes merveilleusement ouvragés. Comme un même plan, avec les mêmes divisions, a servi pour toutes les habitations de chaque ville orientale, connaître une de ces maisons, c'est, nous apprend M. Poujoulat, sauf un peu plus ou moins de splendeur fastueuse, les connaître toutes.

« La porte d'entrée est étroite et basse; on trouve d'abord un corridor obscur et tout juste assez large pour que deux hommes y puissent marcher de front. Ce passage ténébreux semble devoir nous mener à une grotte ou à une étable; mais voilà que s'offre à nous une cour ouverte au soleil, ornée de beaux arbres et d'une fontaine jaillissante; puis vous arrivez dans des salles semblables à de brillants sanctuaires. Les poutres qui soutiennent le toit des maisons sont toutes en bois de peuplier. Des ciselures, des frises sarrasines, des paysages avec des kiosques ou des mosquées, toutes sortes de vases de porcelaine encadrés dans des boiseries, différents ustensiles en argent, en cuivre et en étain, tels sont les ornements qui décorent les murs intérieurs de l'appartement. Des divans écarlates règnent autour d'une estrade de bois recouverte d'une natte ou d'un tapis, élevée à deux ou trois pieds au-dessus du sol; ce sol est pavé en marbre blanc ou en mosaïque. Au fond de la principale salle, dans presque toutes les maisons chrétiennes, est une espèce d'autel qu'on ouvre et qu'on ferme comme une armoire; il y a aussi des armoires dans lesquelles on enferme, chaque matin, les matelas qui ont servi de lits pendant la nuit.

« C'est dans ces demeures cachées que le chrétien, troublé et persécuté au dehors, recueille son existence et jouit de la vie. Là, plus de terreur, plus de tremblement; aucun regard ne l'épie; aucun bras ne le menace; ce chrétien qui tout à l'heure traversait la rue humblement et sans lever la tête, qui pâlissait devant les menaces d'un petit enfant musulman, une fois rentré chez lui change d'attitude et de costume. Ce n'est plus le raïa pauvre et timide, vêtu de noir comme un malheureux esclave; il prend le manteau rouge et les babouches jaunes, il se pare de toutes les couleurs qui lui plaisent; de nombreux serviteurs l'entourent

pour obéir au premier mouvement de ses yeux.
Chef de famille toujours chéri et respecté, il partage avec tous les siens les pures et saintes joies
du foyer domestique, et parvient à chasser, à do-
miner la pensée de l'odieuse abjection où le
tient la domination musulmane... »

Les mêmes impressions attendent le voyageur
en plein Liban.

Des couvents grecs, maronites ou appartenant
aux Lazaristes, dominent de nombreux villages...
Tout cela, qui, comme description, peut se rap-
porter simplement à la physionomie des Apennins
ou des montagnes de la Provence, est d'un effet de
contraste prodigieux, quand on songe qu'on est
en pays musulman, à quelques heures de Damas
et des dernières collines de l'Anti-Liban, pays des
Druses, deux ou trois heures avant d'arriver aux
ruines poudreuses de Balbeck. Ce qui fait ainsi du
Liban une petite Europe industrieuse, libre, intelligente surtout, c'est que là cesse l'impression
de ces grandes chaleurs qui énervent les populations
de l'Asie. Les cheïks, qui sont les princes de la
montagne, et les habitants aisés, suivant les sai-
sons, ont des résidences qui, plus haut ou plus bas
dans les vallées étagées entre les monts, leur permettent de vivre dans un éternel printemps.

Les mœurs des chrétiens du Liban sont simples
et pures comme celles des chrétiens de Damas;

leur vie extérieure ne diffère de celle des autres Orientaux que par un mélange très-marqué de certains usages de nos époques féodales avec les antiques coutumes patriarcales. Tout est empreint du grand souvenir des Croisades, depuis le manoir à créneaux, posé au flanc de la montagne, depuis la longue suite de serviteurs armés qui se presse sur le pas des cheïks, jusqu'aux habitudes du foyer domestique et à la ferveur des croyances.

« C'est la transition de la vie de la tribu, comme on la voit établie encore au pied de la montagne, à cette ère de civilisation moderne qui gagne et transforme déjà les cités industrieuses de la côte. Il semble que l'on vive au milieu du XIIIᵉ siècle; mais en même temps on ne peut s'empêcher de penser à Saladin et à son frère Malek-el-Adel, que les Maronites se vantent d'avoir vaincus près de Beyrouth. »

Comme nos aïeules d'Europe, les plus grandes dames du Liban, les femmes des cheïks et des émirs, en dehors des devoirs de l'étiquette où elles déploient le luxe le plus majestueux, dirigent et partagent les soins domestiques : « Vêtues comme les femmes ordinaires du pays, on les voit se mêler aux travaux de leurs gens, et les plus jeunes descendre aux fontaines avec les filles du village, ainsi que les Rébecca de la Bible. »

Au moment où M. Poujoulat recevait l'hospitalité de l'émir des Maronites, « on s'occupait de la récolte de la soie. On lui fit visiter les *cabanes*, bâtiments de construction légère qui servent de magnanerie. Dans certaines salles on nourrissait encore les vers sur les cadres superposés; dans d'autres le sol était jonché d'épines coupées sur lesquelles les larves des vers avaient opéré leurs transformations. Les cocons étoilaient comme des olives d'or les rameaux entassés et figuraient d'épais buissons; il fallait ensuite les détacher et les exposer à des vapeurs soufrées pour détruire la chrysalide, puis dévider ces fils presque imperceptibles. Des centaines de femmes et d'enfants étaient employés à ce travail, dont les princesses avaient aussi la surveillance. »

Rapprocher cette vie utile et occupée des chrétiens de Damas et des populations du Liban, — ces Bosniens, ces Bulgares, ces Herzégoviniens, ces Monténégrins et ces Serbes asiatiques, — de l'oisiveté des Turcs et des femmes musulmanes de l'Orient, de leur vie toute passive et frivole, n'est-ce point tracer un tableau trop éloquent pour avoir besoin de commentaire !

Mais revenons à Damas et à ses massacres. La conspiration des musulmans de cette ville était des mieux ourdies; l'esprit de l'islamisme allait pouvoir, grâce à la politique à double face qu'a toujours suivie la Turquie, jeter un défi à la civilisation européenne ; le jour et l'heure de l'extermination étaient fixés, une croix au charbon était la marque convenue par les conspirateurs pour désigner les maisons chrétiennes aux égorgeurs, et déjà les Druses avaient donné le sinistre signal de cette Saint-Barthélemy orientale, en mettant à feu et à sang une partie du Liban.

Pour les musulmans de Damas, notamment, Abdul-Medjid était un traître efféminé par les joies du harem ; sa main était trop débile pour tenir le *sandjack-chérif* (drapeau du Prophète) ; il déshonorait le croissant en s'alliant aux aigles des giaours ; le *hatt-houmayoun* (traité du 30 mars 1856) était contraire à la lettre et à l'esprit du Koran. C'était une honte pour l'islamisme que des Nazazéens infidèles vécussent sans payer le *charadasch* (capitation) et s'enrichissent dans les cités saintes musulmanes.

Comme on peut voir, les conspirateurs poursuivaient le rêve insensé d'éteindre le christianisme par l'extinction de la race chrétienne. Ils avaient envahi le Harat-el-Naçara sur tous les points à la fois et procédaient avec ordre, stratégiquement ; ils allaient par escouades, soutenus par les soldats du sultan qui marchaient en tête, affamés par un arriéré de solde remontant à deux années et exci-

tés au carnage par des prostituées qui fermaient
ces hideux cortéges.

On ne s'avoue pas assez en Europe l'influence
des femmes sur bon nombre d'événements importants de la vie politique; et le plus souvent,
comme par exemple ici, de quelles femmes! —
Ce fléau, comme l'a déjà démontré plus haut le
Times à propos des harems, n'est pas le moindre
qui soit venu compliquer les embarras de la diplomatie sur l'interminable question d'Orient. Quiconque a jeté un coup d'œil dans les coulisses du
théâtre politique a pu voir la futilité des motifs
qui ont déterminé telle ou telle mesure dont dépendait quelquefois le sort de plusieurs nations.
Il est difficile qu'il en soit autrement, et depuis
qu'Ève fut créée, bien des hommes d'État sont à
plaindre; en Orient surtout, où la multiplicité des
intérêts de caste et des petites susceptibilités particulières — à ménager, l'aspect éblouissant du
pays, l'atmosphère énervante, les mœurs faciles,
le renversement total des habitudes de l'Occident
commencent par mettre dans leur esprit, si grave
qu'il soit, un certain trouble, une certaine ébriété,
et les amènent trop souvent à prendre un caractère qu'ils désavoueraient infailliblement dans
leur propre pays. Et puis, là comme ailleurs, l'on
est contraint de compter avec l'opinion publique,
et l'on est exposé à prendre pour l'opinion publique

les jugements erronés des petits clubs d'intrigants ou les absurdes combinaisons des cercles d'importants, aussi ignorants que vous des moindres intérêts du pays, mais toujours prêts à refaire la carte du monde.

C'est surtout cette influence des femmes sur bon nombre d'événements importants de la vie politique orientale qui a été cause en grande partie des massacres de Syrie. Il y eut à Damas, de par le fait des ribaudes excitant et encourageant les incendiaires et les assassins, du feu et du sang partout. Partout on entendait les craquements sourds des maisons qui s'écroulaient au milieu des pétillements de la flamme, des cris de fureur des assassins, des sanglots et des gémissements des victimes. On égorgeait déjà les vieillards inoffensifs, on coupait déjà les enfants en deux avec des haches, on éventrait déjà les femmes enceintes, on outrageait déjà les vierges sur les cadavres sanglants de leurs frères. — L'auteur des *Silhouettes orientales*, à qui j'emprunte tous ces détails, a vu plus tard à Beyrouth un millier de ces malheureuses, sans abri, mourant de faim et maudissant les pères des bâtards qu'elles allaient mettre au monde.

Cette œuvre d'extermination dura cinq jours à Damas. Onze églises, trois couvents, trois mille huit cents maisons du quartier chrétien furent pillés, ravagés, brûlés. Le meurtre, le vol et l'incendie passèrent comme une trombe sur le Harat-el-Naçara. Il n'y eut pas de combat; ce fut une tuerie hideuse. On tua dans les maisons, on tua dans la rue, on tua dans les églises, aucun lieu ne fut respecté, pas même les consulats européens, — à l'exception de celui d'Angleterre.

Pourquoi cette exception? D'aucuns y ont vu la raison dans les sympathies des Druses pour les missionnaires anglais.

Voici, à les en croire, la vérité :

Les Druses étaient mêlés avant 1840 dans le Liban avec les Maronites, et avaient partagé jusqu'à cette époque avec eux, comme avec les Nossaïris ou Ansariés et les Métualis, le bienfait de notre protection, — tous donnant leur sang, non pour agrandir le domaine d'un tyran, mais pour faire prévaloir ce que leur conscience leur disait être la vérité. Les quatre nations, sauf quelques rivalités de village à village, vivaient en paix l'une avec l'autre, mais entièrement séparées de mœurs, d'intérêts et d'habitudes.

Or, la preuve de l'existence de cette bonne intelligence se voit dans le grand nombre de villages mixtes qui couvrent encore le Liban.

Vers le commencement du siècle, les Druses ayant affiché des sentiments d'indépendance, l'ambition soupçonneuse de l'émir Béchir, qui ne permettait à personne d'être ni trop riche, ni trop heureux, ni trop influent, les décima cruellement. La plupart des chefs druses furent immolés ou proscrits, et cette nation belliqueuse, longtemps dominatrice du Liban, n'eut plus jusqu'en 1840 à offrir aux missionnaires biblistes que de vivants débris, attestant une horrible vengeance dont surent tirer parti ces missionnaires pour les exciter contre les Maronites.

Le premier effet de cette vengeance fut la livraison, à cette époque, de leur persécuteur aux Anglais, qui, de leur côté, le livrèrent aux Turcs ; le second, de mettre les deux peuples en guerre l'un contre l'autre.

En 1858, particulièrement, les Druses essayèrent de faire leur restauration en imposant leurs cheïks aux Maronites ; ceux - ci, ayant le droit pour eux, chassèrent ces cheïks qui leur étaient devenus insupportables, — en sorte qu'ils eurent à subir, en 1860, la double revanche de cette expulsion et de l'oppression des Druses sous l'émir Béchir.

Voilà comment, poussés à la fois par le fanatisme musulman qui les avait choisis pour premiers instruments de ses fureurs et par les déclamations intolérantes des missionnaires biblistes, contre ce qu'ils appelaient l'idolâtrie papiste, les Druses sont arrivés à assouvir leur longue soif de colère et de vengeance.

Telle, selon d'aucuns, est la raison des sympathies druses pour l'Angleterre pendant la période des luttes intestines du Liban, et de la préservation par les égorgeurs de Damas du consulat britannique pendant les massacres de cette ville.

Suivant l'auteur des *Silhouettes orientales*, l'Angleterre n'est venue qu'après la rivalité des Druses et des Maronites, après que les Druses, voyant l'anarchie chez les Maronites, anarchie qui suit naturellement toute révolution, crurent pouvoir prendre les armes et se venger de leurs adversaires : vengeance dont les premiers motifs avaient été des assassinats partiels et des rixes isolées, pour des griefs personnels qu'avait rendus inévitables, depuis 1840, la double et contradictoire administration des caïmacanats druse et chrétien. — Également, selon le même auteur, l'Angleterre n'est venue qu'après, comme toujours, aussi terrifiée que la France par l'horreur des massacres de 1860, aussi ignorante que la France des trahisons et des complicités qui les avaient permis et actionnés, aussi désireuse que la France de punir les coupables, mais n'oubliant pas malheureusement de jalouser l'influence de la France dans ces contrées.

M. Alfred d'Ancre dénie aux agents de la politique anglaise l'influence qu'on se plaît à leur accorder à l'étranger. « On ne s'acquiert ordinairement, dit-il, la confiance d'un peuple que par le respect de ses institutions fondementales qui sont la sauvegarde de ses mœurs intimes ; il faut respecter et aimer même le peuple que l'on veut conquérir ; et la raison typique que l'Anglais tient à honneur de conserver vis-à-vis de l'étranger, — cette raison fait qu'on le déteste. On a pu en juger par la dernière insurrection de l'Inde, et, sans aller si loin, rien qu'en passant seulement à Malte, l'on peut constater la justesse de cette observation. Il ne faut pas beaucoup réfléchir sur la nature de l'Anglais pour comprendre qu'il n'a aucune des conditions nécessaires à l'esprit de conquête. Il semble être inaccessible aux idées abstraites, et sa morale politique ne dépasse jamais les questions de gros sous. Les Arabes mêmes ne s'y trompent pas ; selon eux, la raison de l'intervention anglaise, le bombardement de Beyrouth et la livraison de l'émir Béchir à la Turquie, en 1840, est que Méhémet-Ali projetait, de concert avec cet émir [1], de

1. On a coutume de dire dans le Liban que l'émir Béchir était chrétien par son baptême, turc par sa vie et druse par sa mort, ce dernier peuple ayant le droit immémorial d'ensevelir les souverains de la montagne. Ce triple caractère explique la sympathie, la fidélité et les respects de ces peuples de religions diverses, qu'il gouvernait en les opprimant, et à qui cependant sa mémoire est chère.

transporter ses fabriques cotonnières en Syrie, où
elles eussent pu prendre une extension que le
climat d'Égypte leur refuse ; ce qui, grâce à une
main-d'œuvre peu coûteuse, eût forcément rendu
inutile en Syrie l'exportation des produits britan-
niques. — Où le Français établit une école, l'Anglais établit un comptoir. L'Anglais ne se risque
que pour ses associés. L'Anglais s'applique à se
garer contre ses propres élans de dévouement, —
l'abnégation étant une vertu qui détruirait l'intégrité de la magistrale personnalité de John Bull [1].

Une anecdote à ce sujet me semble trouver ici sa place.

Un Druse et un Maronite qui faisaient route ensemble
s'étant demandé : — Mais quelle est donc la religion de
notre souverain ? — Il est druse, s'écria le premier. — Il est
chrétien, affirma l'autre. Un Métuali, passant sur ces entrefaites, fut choisi pour arbitre et n'hésita point à répondre :
— Il est turc. Plus irrésolus que jamais, nos trois monta-
gnards se décidèrent à aller chez l'émir le prier de résoudre
lui-même la question. Béchir les reçut fort bien, les écouta
patiemment, et une fois au courant du sujet de la querelle :
— Voilà des gens bien curieux, dit-il en se retournant vers
son vizir, qu'on leur tranche la tête à tous trois.

Cette réponse ne tranchait nullement la question, qui n'a
pas été plus clairement résolue depuis.

1. « En quoi l'équilibre européen serait-il rompu ? se sont
dit d'aucuns quand la Serbie a commencé à témoigner le
désir de se soustraire à la tyrannie turque. Quelle est la
puissance qui se sentirait menacée ?

« La Russie ne pourrait être que satisfaite de la délivrance
d'un membre de la famille slave, et l'Autriche aurait à sa
frontière, où elle est depuis longtemps obligée de se tenir sur
le qui-vive, un petit État calme et prospère, à la place d'une
province où la révolte fermente sans cesse.

On voit parfois sur la face flegmatique de l'Anglais le masque grimaçant de la philanthropie administrative, mais jamais le suave sourire de la charité. — La seule supériorité incontestable de l'Anglais est de savoir profiter des événements ; — il en a conscience, et il ne tend du reste qu'à cela. — Il est... pirate avant tout ; et c'est pourquoi on le rencontre à toutes les escales, dans toutes les directions, sous toutes les zones, rôdant autour de toutes les plages, toujours prêt à faire main basse sur les épaves des navires qui sombrent. — De profiter des accidents, à les faire naître, il y a loin. »

« Certainement, poursuit plus loin l'auteur des *Silhouettes orientales*, c'est une puérile terreur que celle qui prête tant de machiavélisme à la diplomatie européenne. Ses moindres actes sont vite connus aujourd'hui, et leurs conséquences aussi vite appréciées. Il est donc sage de s'en tenir à ce sujet à cette vérité de M. de la Palice

« Quant à l'Angleterre, elle a renoncé, depuis la mort de lord Palmerston, en se désintéressant des affaires de l'Europe, à jouer un rôle actif sur le continent, et la facilité avec laquelle elle a consenti, en 1871, à déchirer une des pages du traité de Paris, est un sûr garant qu'elle donnerait à ce remaniement de la carte de la Turquie. »

John Bull brûlerait de gaieté de cœur, *proprio motu*, l'idole qu'il a adorée jusqu'à présent, cela, on le voit amplement ici, ne saurait être !

que, de nos jours, la diplomatie est dépendante des
événements, et que les événements se rient de la
diplomatie.

« Cela n'a trait, bien entendu, qu'à la diplomatie
d'Europe, où les gouvernements tendant plus ou
moins vers le libéralisme, les affaires publiques
arrivent à être du domaine de tous et à se traiter
au grand jour de la publicité et de la libre discussion; car, pour ce qui est de la diplomatie des
Orientaux, quiconque a tenté d'en suivre les méan-
dres et de saisir le vrai sens de ses arabesques
hiéroglyphiques, reconnaît qu'elle renferme encore, grâce sans doute à l'action imprévue de l'autorité individuelle et despotique dont elle dispose,
certains raffinements inédits et de sombres arcanes
que, jusqu'à présent, l'on ne s'est peut-être pas
assez appliqué à pénétrer par une étude plus ap-
profondie de l'état moral et politique des peuples
dont nous recherchons l'alliance ou le ralliement
à nos idées.

« Je ne prétends pas dire néanmoins qu'il ne
faille pas accorder une certaine importance aux
influences qu'exercent les diplomaties européennes
dans ces contrées. L'influence française en Syrie
est incontestable; les réformes salutaires qu'elle
a obtenues sont justement appréciées par les chrétiens du Liban; aussi est-elle jalousée et souvent
contrecarrée par les autres puissances, par la Rus-

sie surtout, qui agit et s'appuie par un faux libéralisme sur les Grecs schismatiques; par l'Autriche, qui agit par quelques missionnaires de la
société de Jésus sur ces derniers, dont ils pour-
suivent ardemment la conversion; enfin, par l'Angleterre, qui agit par ses prédicants et croit pouvoir compter sur les Druses. Mais, je le répète,
aucune de ces influences n'a pu peser assez dans
la balance qui a déterminé la catastrophe de 1860.

« La vérité à ce sujet, à l'heure qu'il est, c'est
que les diplomaties européennes, qui veulent protéger les chrétiens du Liban à l'envi, ont été le plus
souvent mal renseignées sur leurs véritables besoins et leurs légitimes aspirations, ou mal con-
seillées par leurs propres intérêts et leur réci-
proque amour-propre national.

« La plupart de nos grands politiques en sont
là, malheureusement. Qu'une catastrophe sur-
vienne, et vite les voilà cherchant d'abord à établir que telle ou telle puissance en est la cause, et
échafaudant tout un système machiavélique contre
lequel ils se mettent en guerre comme don Qui-
chotte, au lieu de chercher le remède simple que
réclame un simple événement. »

Comme on a pu s'en convaincre en parcourant
les lignes que j'ai écrites de mon côté à l'encontre
des tenants et aboutissants des massacres de Damas et du Liban, je suis complétement de l'avis

de M. Alfred d'Ancre à leur égard. En effet, on connaît aujourd'hui les vrais coupables : ce ne sont pas les Druses, ainsi qu'on le croyait tout d'abord; il n'y avait pas de Druses dans la conspiration de Damas. Que ceux-ci aient profité de la trahison des officiers et des autorités turcs, d'un Ahmed-Pacha, d'un Abdallah-Hallebi et d'un Kourchid-Pacha, sérasquier des armées de l'Arabistan et gouverneurs civils de Damas et de Beyrouth, — je ne dis pas; mais, réduits à leurs propres forces, les Druses n'eussent pu produire tant de désastres. Voire même, comme cela a été prouvé ensuite, car ils sont, tout autant que les Maronites, les ennemis naturels des mahométans, on les a poussés dans un traquenard afin de leur faire payer les pots cassés.

Les vrais coupables de 1860, ce sont donc les conspirateurs de Damas, — les mêmes hommes qui ont commis en 1858 l'assassinat de M. Eveillard, notre consul de Djedda; de nos jours, celui de M. Moulin et du consul allemand à Salonique, — précurseur des cruautés sans nom commises par les bachi-bozoucks en Bulgarie et en Bosnie.

Comme on sait, la peine capitale a été prononcée contre les soi-disant auteurs de ce dernier assassinat, et six d'entre eux ont été exécutés. Par contre, leurs principaux complices — je devrais dire les seuls coupables — ont été condamnés seulement aux travaux forcés à temps, le conseil de guerre de Constantinople s'étant contenté d'élever les peines des fonctionnaires turcs compromis, déjà jugés à Salonique.

Pour moi, les seuls coupables, en effet, ce sont ici le chef de police de cette ville, condamné seulement à la dégradation et à quinze ans de travaux forcés; le commandant de la frégate turque en station dans ce port, condamné seulement à la dégradation et à dix ans de détention dans une forteresse; le commandant de la garnison, condamné seulement à trois ans de forteresse; enfin, l'ex-gouverneur, condamné seulement à un an de prison.

Quoi qu'il en soit, cette affaire a failli se gâter encore au dernier moment, la Porte, dans la crainte d'un soulèvement général parmi les musulmans, ayant hésité à exécuter publiquement les sentences et à remplir ses engagements vis-à-vis des familles des victimes.

Ce que voyant, les ambassadeurs de France et d'Allemagne l'ont menacée de quitter Constantinople; — ce que, de son côté, ayant vu la Porte, les sentences portées contre les autorités militaires et maritimes de Salonique ont été lues publiquement, et les indemnités fixées par les deux gouvernements pour les familles de leurs agents assassinés ont été enfin accordées.

Si je me souviens bien, cela se passait au commencement du mois d'août, à l'époque où le cabinet Disraéli faisait semblant de ne pas croire aux massacres des Balkans.

On s'est étonné partout des dénégations à cette époque de l'Angleterre en présence de la constatation générale et unanime des cruautés commises par les bachi-bozoucks en Bulgarie et en Bosnie. Les récits sur ces atrocités étaient cependant confirmés de toutes parts, et personne, à Vienne, à Saint-Pétersbourg, à Rome, à Paris, à Londres, à Berlin, voire même à Constantinople, n'en doutait. Un correspondant de journal, qui arrivait de Philippopoli dans cette dernière ville, racontait déjà d'horribles choses. Des enfants, les bras tranchés, étaient abandonnés dans les champs et y mouraient dans les tortures d'une longue agonie. Dans quelques villages, l'air était infecté par la puanteur des cadavres laissés en plein air. Il était impossible d'énumérer toutes les atrocités commises. Le correspondant de journal, qui racontait ces faits, les tenait des consuls français, autrichien, grec et russe, dont il pouvait invoquer le témoignage. La population anglaise de Péra était exaspérée contre sir Elliott, ambassadeur de la Grande-Bretagne, qui avait cherché à les atténuer, etc., etc.

Un autre correspondant de journal, également, celui du *Courrier de France*, s'était dit en mesure d'affirmer la rigoureuse exactitude du cannibalisme suivant qui s'était accompli en Bosnie :

« Le vendredi 21 juillet, à Maïden, les populations chrétiennes du voisinage, convoquées pour un jour de marché dans ce village, avaient été massacrées par une foule fanatique excitée par le Hadji Omer-Effendi, appelé aussi Djor-Fellah, et un autre fonctionnaire turc nommé Ibrahim Kuruzuwitz-Aga. Les victimes de ce guet-apens étaient au nombre de 3,000.

« Le même jour, à Prisdor, un autre massacre, organisé par le caïmacan de ce gros bourg, avait eu lieu dans les mêmes circonstances.

« Le 18 juillet, à Ratlowo, soixante enfants avaient été lapidés par les Turcs, conduits par un certain Fechim-Effendi, qui voulait ainsi venger son parent, le major Stocwitz-Bey, tué en combattant contre les Serbes.

« Le 24, à Sokolowo, cent quatre-vingts jeunes filles, enlevées dans les villages voisins, avaient été parquées dans un champ qui est au nord de ce village, et, après un triage, les plus belles avaient été transportées dans le harem de Fechim-Effendi et d'Ali-Effendi Stocwitz, frère du major défunt, et les autres avaient été livrées aux soldats. Il n'en était plus une seule vivante.

« Le 23, à Pawitz, douze femmes avaient été coupées en morceaux et ceux-ci jetés aux chiens.

« Du 12 au 16, dans les villages de Perwan et de Timor, trois cents habitants chrétiens avaient été noyés, après avoir subi toutes sortes de tortures.

« Depuis le 3 août, les villages de Burnowo, Bolard, Brezicani, Ernadolina, Jutroguschka, Bejana et Jelowac étaient déserts.

« La population tout entière avait été massacrée.

« Les victimes dépassaient le nombre de 2,800.

« L'Ounna chariait les cadavres par centaines, et la Save était couverte de débris humains.

« Les vols d'enfants à Brodwo étaient communs ; dans les environs de Serajewo, on citait de ces petites créatures qui avaient les yeux crevés, les pieds et les mains coupés par tous ces Turcs barbares. »

Le correspondant de l'agence Havas écrivait de son côté de Paratchine à la fin de juillet, à cet égard, qu'il avait eu un entretien avec le colonel Baker, chef d'état-major de l'armée serbe, et qu'il lui avait demandé s'il avait été personnellement témoin des actes de cruauté ou de rapine reprochés aux Turcs.

Voici dans quels termes le colonel Baker lui avait répondu :

« Je n'ai pas été seul témoin ; dix, quinze, vingt

mille personnes ont vu ce que j'ai vu, et il faut vraiment que l'Europe veuille fermer les yeux et les oreilles pour ne pas croire à ces actes de sauvagerie... Il faut qu'elle ait un parti pris, car c'est la vérité même.

« Quand nous avons évacué Babina-Slava, j'ai vu, de mes yeux vu, les Turcs brûler douze villages bulgares, douze au moins, car il n'en reste plus un de ce côté sur notre frontière.

« — Mais, demandai-je, les habitants de ces villages avaient-ils pris parti pour vous?

« — Aucunement, répliqua le colonel; ils n'avaient pas bougé.

« — Et pourquoi donc étaient-ils restés chez eux?

« — Pourquoi? Eh! mon Dieu! parce que le paysan bulgare est ainsi fait; c'est l'apathie, l'insouciance en personne. On leur a tout enlevé et puis on a mis le feu partout, on a abusé des femmes qui en valaient la peine (*sic*), et l'on a chassé le reste à coups de crosse. C'est la même chose sur toutes nos frontières; il y a 10,000 Bulgares réfugiés en Serbie en ce moment, et, si cela continue, il y en aura bien d'autres... »

Ajoutez enfin à tout cela, *grosso modo*, comme couronnement du savoir-faire turc en cette matière, les atrocités épouvantables dont il est fait mention dans le rapport étendu de M. Baring, second secrétaire de l'ambassade anglaise à Constantinople, chargé d'une enquête sur les massacres de cette région de la Turquie.

Ce rapport, reproduit par la *Gazette officielle*, de Londres, a fait l'historique des mouvements insurrectionnels en Bulgarie. Il a donné des détails circonstanciés sur les faits de pillage, de violences commises sur les femmes et autres barbaries, faits qui, d'après une lettre que sir Henry Elliott revenu à des sentiments plus humains joignait audit rapport, justifiaient pleinement toute l'indignation soulevée à ce sujet, bien que toujours, suivant lui, quelques incidents rapportés par les journaux eussent été exagérés.

Les détails donnés notamment par l'enquête en question sur les massacres de la ville de Batak ont dépassé en horreur tout ce qui avait été publié jusqu'alors. Sur ce point seul, il y avait 5,000 victimes.

M. Baring a demandé qu'une punition exemplaire fût infligée au gouverneur et au commandant militaire de Batak, à Mohammed-Aga et à Ahmed-Aga, qui étaient responsables des massacres de cette ville, massacres pour lesquels Ahmed-Aga avait été décoré de l'ordre de Medjidié.

M. Baring a également insisté sur la nécessité de prendre des mesures rigoureuses, énergiques, et de faire justice impartiale pour rétablir la tranquillité dans ce malheureux pays.

Son rapport a estimé à 12,000 le nombre des chrétiens massacrés et à 200 seulement le nombre des Turcs qui ont été tués par les insurgés en Bulgarie. Il a conclu naturellement en disant que cette manière d'étouffer un soulèvement était on ne peut plus inhumaine, cinquante innocents souffrant pour un coupable.

Mais allez donc faire entendre cela aux massacreurs turs !

Parlant à ce propos de prisonniers faits par les Serbes à l'affaire de Bielina, « ... ce ne sont pas des nizams, de vrais soldats, mais bien des irréguliers, des bachi-bozoucks, — nous a appris un témoin oculaire de l'affaire. J'ai été navré de l'expression d'abrutissement et d'inintelligence de ces hommes, et je n'aurais pas cru qu'il fût possible que notre Europe renfermât des types aussi abjects. Ils avaient de nous une frayeur terrible, pensant, nous ont-ils avoué, que nous venions leur signifier que leur dernier moment était arrivé. Jugeant les autres d'après eux, ils ont la conviction, ces prisonniers, qu'on va les pendre d'un moment à l'autre. Tout ce que l'ignorance, la rapacité, les excès de toutes sortes, peuvent imprimer de bassesse sur une face humaine, est inscrit sur la leur, et on ne souhaitera jamais que de voir reléguer en Asie tous ces Turcs fanatisés, qui ne sont plus dignes de rester en Europe... »

C'est, on a vu, l'idée que j'ai émise déjà dans ma préface. Quoi qu'ils fassent, quoi que fasse la diplomatie, c'est la destinée des Turcs d'être refoulés en Asie, — je le répète. Quelque activité qu'ils déploient, on sait en effet que leur entendement ne peut franchir certaines bornes, et qu'ils s'agitent en vain dans le cercle des habitudes tracé autour d'eux. Ce cercle d'ignorance et de fanatisme innés où ils croupissent va s'élargissant pour eux de jour en jour, — prélude de la grande heure des réparations! L'empire ottoman, malade, a commencé par restituer en détail; agonisant, il finira par lâcher le... tout.

« Le moment est venu d'élever la voix contre ces scènes de barbarie sauvage, — a dit, le 29 août, à la diplomatie, Victor Hugo. L'indignation universelle se soulève. Il y a des heures où la conscience humaine prend la parole et donne aux gouvernements l'ordre de l'écouter.

« Les gouvernements balbutient une réponse. Ils ont déjà essayé ce bégayement. Ils disent : on exagère.

« Oui, l'on exagère. Ce n'est pas en quelques heures que la ville de Batak a été exterminée, c'est en quelques jours; on dit 200 villages brûlés, il n'y en a que 99; ce que vous appelez la peste n'est que le typhus; toutes les femmes n'ont pas été violées, toutes les filles n'ont pas été vendues, quelques-unes ont échappé. On a châtré des prisonniers, mais on leur a aussi coupé la tête, ce qui amoindrit le fait; l'enfant qu'on dit avoir été jeté d'une pique à l'autre n'a été, en réalité, mis qu'à la pointe d'une baïonnette; où il y a un, vous mettez deux, vous grossissez du double, etc., etc.

« Et puis, pourquoi ce peuple s'est-il révolté? Pourquoi un troupeau d'hommes ne se laisse-t-il pas posséder comme un troupeau de bêtes? Pourquoi? etc., etc., etc.

« Cette façon de pallier ajoute à l'horreur. Chicaner l'indignation publique, rien de plus misérable. Les atténuations aggravent. C'est la subtilité plaidant pour la barbarie. C'est Byzance excusant Stamboul.

« Nommons les choses par leur nom. Tuer un homme au coin d'un bois, qu'on appelle la forêt de Bondy pour la forêt Noire, est un crime; tuer un peuple au coin de cet autre bois qu'on appelle la diplomatie est un crime aussi.

« Plus grand. Voilà tout.

« Est-ce que le crime diminue en raison de son énormité? Hélas! C'est en effet une vieille loi de l'histoire. Tuez six hommes, vous êtes Troppmann; tuez-en six cent mille, vous êtes César. Être monstrueux, c'est être acceptable. Preuves : la Saint-Barthélemy, bénie par Rome ; les dragonnades, glorifiées par Bossuet ; le deux-décembre, salué par l'Europe.

« Mais, il est temps qu'à la vieille loi succède la loi nouvelle ; si noire que soit la nuit, il faut bien que l'horizon finisse par blanchir.

« Oui, la nuit est noire ; on en est à la résurrection des spectres. Après le Syllabus, voici le Koran ; d'une Bible à l'autre, on fraternise : *jungamus dextras!* Derrière le Saint-Siége se dresse la Sublime-Porte ; on nous donne le choix des ténèbres, et, voyant que Rome nous offrait son moyen âge, la Turquie a cru pouvoir nous offrir ses massacres.

« De là les choses qui se font en Serbie.

« Où s'arrêtera-t-on?

« Quand finira le martyre de cette héroïque petite nation?

« Il est temps qu'il sorte de la civilisation une majestueuse défense d'aller plus loin.

« Cette défense d'aller plus loin dans le crime, nous, les peuples, nous l'intimons aux gouvernements.

« Mais on nous dit : Vous oubliez qu'il y a des questions. Assassiner un homme est un crime ; assassiner un peuple est une question. Chaque gouvernement a sa question : la Russie a Constantinople, l'Angleterre a l'Inde, la France a la Prusse, la Prusse a la France.

« Nous répondons :

« L'humanité aussi a sa question; et cette question, la voici, elle est plus grande que l'Inde, l'Angleterre et la Russie : c'est le petit enfant dans le ventre de sa mère.

« Remplaçons les questions politiques par les questions humaines.

« Tout l'avenir est là... »

Sous ce titre : *L'Italie en Orient,* le journal *l'Italie* a publié, à la fin de juillet, relativement à cette solution sempiternellement pendante de la question d'Orient, un article dont je détache les passages suivants :

« Il est évident que les cabinets européens commencent à subir l'influence de l'opinion publique, chaque jour moins favorable au système d'indifférence absolue que l'Angleterre et l'Autriche-Hongrie avaient fait prévaloir.

« Nous ne croyons pas à une intervention armée; lors même que la Serbie serait occupée par les Turcs victorieux, la diplomatie européenne a assez de force et d'autorité pour les forcer à sortir et pour rétablir les choses dans le *statu quo ante bellum.*

« Quant à la politique italienne, le gouverne-

ment ne saurait oublier que l'Italie doit son existence aux mêmes principes qui ont provoqué
d'abord l'insurrection de l'Herzégovine, et qui ont
ensuite armé les bras des Serbes et des Monténégrins.

« Certes, l'Italie ne doit pas se prêter à une
politique qui aurait pour but un déplacement dan-
géreux des forces nationales, ou qui serait de
nature à rompre l'équilibre européen. Mais il
n'est pas nécessaire d'en arriver jusque-là pour
faire sentir son influence en faveur de la justice
et de l'humanité.

« Aucune des puissances, pas même la Russie,
ne demande que l'Europe sorte du système de
non-intervention armée, ou que l'on touche à l'intégrité politique de l'empire ottoman; ce que l'on
réclame, c'est que les provinces chrétiennes soumises par la conquête à la domination musulmane
obtiennent une sorte de *self-government* qui
leur permette de se soustraire aux caprices, à
l'oppression et aux atrocités dont on a vu de si
effroyables exemples. »

Ce n'est pas assez : le journal l'*Italie* a parlé ici
au point de vue purement *européen*. Il a oublié, ainsi
que nous a appris, on se rappelle, M. Gellion-Danglar dans ses *Lettres sur l'Égypte contemporaine*,
que les Turcs, bien que de sang tartare, ont été
à la longue *sémitisés* par la pratique de l'isla-

nisme , et, comme tels, voués qu'ils sont au *djihâd*, à la guerre sainte, quoi qu'on dise ou qu'on fasse, n'entendront jamais raison sur ce chapitre.

En dehors de cette question, il en est une autre plus haute, plus importante à mes yeux, dont on a l'air de ne pas vouloir s'occuper grandement, et qui cependant mérite qu'on l'étudie à fond. C'est la *Question des nationalités danubiennes*.

Il est, on sait, des vérités premières qui, à certaines époques d'indifférence ou d'oubli, reviennent fortuitement prendre date dans l'histoire philosophique des peuples; et trop souvent ce n'est que lorsque le temps les a consacrées de nouveau, que les peuples s'aperçoivent de leur présence et se voient contraints de rétrograder pour s'en faire un appui.

Plusieurs de ces vérités ont surgi déjà des luttes entre la politique de l'Église et la politique des États : luttes acharnées en Europe entre les fanatiques des libertés religieuses et ceux des libertés civiles; luttes sanglantes en Orient, entre les apôtres de l'Évangile, prêchant l'indépendance, le progrès intellectuel et industriel, la fraternité, et les sectateurs du Koran, égorgeant en tous lieux pour le compte de la tyrannie, de l'immobile *statu quo* et de l'intolérance la plus exclusive qui fut jamais.

Mais les lumières qui jaillissent de ces antagonismes, antagonismes aussi vieux que le monde et pourtant toujours vivants, sont naturellement sujettes à être obscurcies par les jugements passionnés des partis et la mauvaise foi des intérêts privés : les nations suivent irrésistiblement l'impression que leur a donnée le siècle précédent, guerroyant à gauche, à droite, se débattant de ci, de là, comme enivrées par l'étourdissant cliquetis des questions multiples et si différentes qui s'entrecroisent sur la route.

Malheureusement pour les Serbes, les Monténégrins, les Herzégoviniens, les Bosniens et les Bulgares, la question d'Orient, comme on sait, se trouve aujourd'hui dans cette bagarre. Même chose, on peut se rappeler, est arrivée en 1860 aux Maronites et à la question du Liban. La plupart de nos publicistes ont fait de cette dernière question une question purement *religieuse*. Il n'y aurait pas eu là grand mal, si plusieurs n'avaient pris prétexte à déclamation en faveur d'un ordre d'idées qui, à tort ou à raison, n'a pas grand crédit de nos jours ; au fond, ils ont compromis une cause juste devant l'opinion. Nous devons d'ailleurs reconnaître que notre siècle s'éloigne de plus en plus de celui des Croisades. Il y reviendra peut-être un jour... Qui sait? — Rien n'est impossible en ce temps de pèlerinages à Lourdes et de messes... à la

Ducrot! Mais, il est toujours sage, en attendant...
mieux, de s'arranger de ce qui... est [1], et je pense
que les Serbes, les Monténégrins, les Herzégoviniens, les Bosniens et les Bulgares, comme les
Maronites il y a seize ans, n'auraient plus à craindre

---

1. Présidant à Perpignan (août 1876) la distribution des
prix aux élèves des écoles chrétiennes, un général français,
— pas celui qui ne devait rentrer dans Paris que mort ou
victorieux, — un général français a dit :

« On peut mourir aussi glorieusement sur le champ de
« bataille en entonnant l'hymne français du *Sacré-Cœur* qu'en
« chantant la *Marseillaise*. »

On peut mourir, soit ! mais vaincre?...

De nos jours, on se pose volontiers en Décius, en Isocrate ;
mais on se contente de mourir par métaphore.

Il en a été du serment de certains de nos généraux, pendant la guerre de 1870-1871, comme de celui de ces magistrats... français qui ont renié leur patrie et accepté des fonctions de la Prusse, de — l'Attila germanique :

........., . *Ab istis*
Disce omnes :

Burguburu et Cuntzer, juge et avoué à Wissembourg ; —
Dollinger, juge à Colmar ; — Kerne, procureur impérial à
Saverne ; — Scheuch, ancien vice-président du tribunal de
Colmar ; — Schlumberger, substitut du procureur général,
même résidence ; — Traut, ancien conseiller de préfecture.

Coryphée de la bande : de Klœckler (Eugène), juge à
Strasbourg, le frère de l'ancienne lectrice de l'impératrice,
élève comme l'auteur du collège d'Altkirch, et allié de naissance à une des familles les plus nobles et les plus dignes
que je connaisse; que j'aime et vénère même au delà de la
tombe, car elle n'est plus : la famille de S... de Blotzheim,
— Blotzheim! village inoublié de la terre natale en deuil,
où Dieu mit mon berceau, où mon cœur enfant a battu pour
la première fois, où... nous avons joué de longues heures, et
pleuré quelquefois de ne pas jouer toujours...

Pas vrai, dites, mossieu Eugène de Klœckler?...

désormais le retour des scènes horribles qui ont désolé le Liban, la Bosnie et les Balkans, si l'on s'était moins occupé en Europe des mesquines querelles de partis auxquelles leurs désastres ont servi et continuent de servir de thème, de même que rendu un peu plus compte de leur situation, non - seulement comme chrétiens, mais comme nations.

Non, il ne s'agit pas seulement aujourd'hui en Serbie, dans le Monténégro, dans l'Herzégovine, en Bosnie et en Bulgarie, comme en 1860 dans le Liban, d'une question religieuse. Il y aurait surtout, je le répète, une question de nationalité; et à ce titre, la création de l'autonomie slave des provinces chrétiennes de l'empire ottoman rentre dans le programme de la politique moscovite, allemande et austro-hongroise, comme rentrait dans celui de la politique française, il y a seize ans, le maintien de l'autonomie libanaise.

C'est ce que, de mon côté, je vais essayer de démontrer dans le chapitre suivant.

Après quoi, je reviendrai aux Turcs, — historiquement parlant : ce que j'aurais pu faire déjà si, de nos jours, l'histoire, comme la diplomatie, n'était dépendante des événements, et si ceux-ci ne se riaient pas de l'histoire ainsi que de la diplomatie.

9.

V

Origines de la race slave. — Ce qu'elle était autrefois….
agricolement, administrativement, politiquement et religieusement parlant. — Nombre approximatif des diverses
populations slaves réunies. — Statistiques slave et turque
en Turquie. — Où conduit le maintien de l'état de choses
actuel dans cet empire. — Une bonne cause. — Devoir de
l'Europe en présence. — Une école normale diplomatique.
— Situation faite par la presse occidentale aux nationalités
chrétiennes en Turquie. — Tenants et aboutissants de
l'insurrection. — A propos de démembrement de l'empire
ottoman. — Solution définitive de la question d'Orient.

L'histoire primitive des Slaves (*Slowene, Slowane*) est restée enveloppée d'impénétrables ténèbres. On confond d'ordinaire l'histoire de cette
race, race qui, au point de vue physique, philologique, religieux, mythologique et moral, se
rattache à la grande famille des peuples indogermaniques, et dont le nom est dérivé de *slawa*,
gloire, ou mieux de *slowo*, parole (nations d'une
même langue), car la racine est la même, — on
confond d'ordinaire, dis-je, l'histoire de la race
slave avec celle des Thraces, des Scythes, des
Sarmates, des Gètes, des Germains, des Daces et

autres peuplades errantes de l'empire romain.
Quelques renseignements tronqués qu'on trouve
dans les sources grecques et romaines, ou encore
dans les traditions scandinaves, prouvent bien la
haute antiquité de ces peuplades, mais ne sauraient élucider l'obscurité de leur passé. Cependant, Hérodote fait déjà mention parmi elles de
tribus qu'il appelle *Budines*, *Neures* ou *Nures*, et
Ptolémée parle de *Bulanes* (Polanen, Polabes),
de *Stlavanes* (Slowanen), de *Vélites* ou *Veltes*
(Wilten), de *Savares* (Sjewèranes), de *Karpianes*,
de *Karpes* (Chorwaten), et d'autres races reconnues
pour slaves. Mais les noms primitifs de la race
slave, comme l'a démontré Schafarik dans ses
Antiquités slaves, sont ceux de *Windes* (Wenedes, Wendes) et de *Serbes* (Spores ou Serbes). Le
premier de ces noms, qui était déjà connu des
peuples de la plus haute antiquité, s'applique encore aux habitants de la côte d'ambre de la mer
Baltique; on le rencontre souvent chez les écrivains grecs, notamment chez les écrivains romains.

A partir de la grande migration des peuples, la
lumière commence à se faire. Jornandès et Procope sont les premiers auteurs qui nous fournissent
à cet égard quelques renseignements précis. En
l'an 552, Jornandès emploie exclusivement le
nom de *Wendes* comme dénomination historique

des peuples slaves; Procope mentionne celui de *Serbes* comme celle commune à toutes ces races avant qu'elles commençassent à prendre des noms particuliers, tels que ceux de *Sklabenoï*, de *Slaveni* (Slowenen), d'*Antes*, etc. Ainsi, peu à peu, le nom de *Slaves* devint la dénomination générique, et ceux de *Wendes* et de *Serbes* des dénominations particulières.

Après Procope et Jornandès viennent les chroniqueurs byzantins, allemands, et même à la fin indigènes (témoin Schafarik), dont les données continuent de projeter quelque lueur sur l'origine des Slaves. On y voit que c'est la conquête de la Dacie, sous Trajan (en 106), qui pour la première fois entraîne ce nom dans l'histoire. La guerre des Marcomans (en 166) l'y mêle encore plus profondément et d'une manière plus large. A partir de cette époque, ils prennent plus ou moins part aux migrations des peuplades germaines, commencées vers la fin du ii⁰ siècle. C'est ainsi que les *Chorwátes* (Karpes) participent, de l'an 192 à l'an 306, aux luttes des Germains contre les Romains. En même temps commence la prise de possession par les Slaves des territoires que ces derniers évacuaient. Au iv⁰ siècle (332-350), ils se trouvaient encore sous la domination d'Hermanarich, roi des Goths. Ils tombèrent ensuite sous la domination des Huns (375), qui ne tardèrent pas

(384) à mettre un terme, sous le règne de
Wimthar, à la durée de l'empire des Goths,
et à ouvrir aux Slaves, leurs alliés, la route du
Danube et de la mer Noire. Par suite de leurs rapports avec les Huns, les Slaves portèrent longtemps le même nom qu'eux. La mort d'Attila leur
rendit la liberté. Devenus à la suite envahisseurs
à leur tour, avec leurs populations, dont le nombre s'était beaucoup accru, ils inondèrent le sud
et l'ouest de l'Europe, demeurés ouverts aux in-
cursions des Huns, et se trouvèrent de la sorte
engagés dans d'interminables luttes contre les Byzantins, les Francs et les Awares, qui apparais-
sent en ce moment. Alors, pour mieux se défendre, ils formèrent de plus grandes confédérations,
de plus vastes royaumes. Ainsi surgit en premier
lieu le royaume de Bohême, en 650 ; puis vinrent
les royaumes de Bulgarie (680), de la Grande-
Moravie (855), de Pologne (aux VIIe et VIIIe siècles, sous les *Lèches*, et à partir de 860 sous les
Piasts), de Russie (à partir de Rurik, en 862),
de Serbie (sous Étienne Bogislaff, en 1040, et
surtout à partir de 1120, sous les *Néminjas*). Il
n'y eut que les Slaves établis au nord de la Ger-
manie sur les bords de l'Elbe, les *Polabes*, qui ne
purent arriver à former d'agrégation politique.
Continuellement en guerre avec les Francs, mais
surtout avec les Allemands à partir du IXe siècle,

ils finirent par être vaincus et soit exterminés, soit germanisés, ou bien encore repoussés au delà de l'Elbe. Au XIe siècle, un prince des *Bodrizes* ou *Obotrites*, Gottschalck, réunit de nouveau, il est vrai, les hordes wendes sous un même chef; mais dès le XIIe siècle, son royaume était conquis, partie par les ducs saxons et partie par les rois danois. Il n'y a qu'une fraction des anciens Polabes, les *Spores* ou *Sorbes* de la Lusace, qui se soit conservée jusqu'à nos jours au centre de l'Allemagne à l'état de race slave.

Les royaumes dont je viens de parler ont tous disparu, à l'exception de ceux de Bohême et de Russie ; et leurs territoires, comme on sait, sous divers noms anciens et modernes, sont devenus parties intégrantes de la Turquie, de la Russie, de l'Autriche et de l'Allemagne. Ces territoires habités aujourd'hui par les Slaves sont, comme ils l'étaient déjà autrefois, les versants des monts Kárpathes en long et en large, l'antique *Chorwatie*, d'où longtemps avant l'ère chrétienne ils s'étendirent au nord jusqu'aux bords de la mer Baltique, et à l'est jusqu'au Volga ; puis, dans les premiers siècles de notre ère et notamment à l'époque de la migration des peuples, ils poussèrent à l'ouest jusqu'au delà de l'Elbe, et enfin, après la ruine des Huns, ainsi que je crois l'avoir démontré, au delà du Danube, dans les contrées situées entre l'Adriatique et la mer Noire, jusqu'en Macédoine et aux portes de la Grèce proprement dite.

On a, par suite de ces divers établissements, divisé la race slave en deux classes : celle du sud-est et celle de l'ouest de l'Europe.

La première comprend : 1° les *Russes;* 2° les *Bulgares;* 3° les *Illyriens*, dont les Serbes d'au delà du Danube, c'est-à-dire du sud de la Hongrie, de la Dalmatie, de la Bosnie, de la Serbie, de l'Herzégovine et du Monténégro; les Chorwates (Croates schismatiques et catholiques) de la Turquie, de la Croatie et de l'Esclavonie, et les Slaves de la Styrie, de la Carinthie, de la Carniole et de l'Istrie, ou les Wendes (*Slowenzes*). — La seconde se compose : 1° des *Lèches*, dont les Lèches ou Polonais, les Silésiens, les Poméraniens et les Kassoubes; 2° des *Tchèkes* ou *Bohémes,* dont les Czèques, les Moraves et les Slovaques du nord de la Hongrie; 3° des *Polabes,* dont les Slaves également du nord de l'Allemagne, qui, pour le plus grand nombre, ont complétement disparu depuis longtemps, comme les *Lutisques* ou *Velates*, les Bodrizes ou Obotrites; les *Mélischanes*, etc.

Telles, à vol d'oiseau, sont les origines de la race slave.

Les anciens écrivains nous la dépeignent déjà

comme une race laborieuse, vivant de l'agriculture et de l'élève du bétail, hospitalière et paisible, ne faisant, à partir du XIIe siècle, que des guerres défensives. Elle aimait sa langue maternelle et ses mœurs nationales, les joyeuses chansons et la gloire populaire. Elle fit de rapides progrès dans la civilisation à partir du IXe siècle; mais, sauf les Polonais, les Bohêmes et les Ragusains, elle demeura au moyen âge en arrière des Allemands, soit à cause de la grande étendue de ses divers territoires, trop éloignés de tous rapports de nationalité à nationalité, soit à cause de l'organisation démocratique de ses divers États, qui ne résistaient que péniblement à l'esprit de conquête alors dominant, jusqu'à ce que ceux-ci se transformassent, comme je l'ai dit, peu à peu en royaumes de Bohême, de Bulgarie, de Moravie, de Pologne, de Russie et de Serbie.

Dans l'antique slavisme, toute l'administration procédait de la famille. Le père de famille élisait le chef suprême de la commune, le *wladyka*. Les wladykas se réunissaient en diètes provinciales qui rendaient la justice, exerçaient la police et prélevaient l'impôt. Chaque cercle élisait à son tour ses députés à la diète centrale, où l'on délibérait sur la paix et la guerre, où l'on élisait les princes, où l'on jugeait les grandes discussions juridiques, et où l'on réglait tout ce qui

a trait à l'administration de l'État. Tout wladyka avait voix consultative à la diète centrale.

Une telle différence avec toutes les institutions
romaines et germaines ne pouvait, à la suite des
points de contact inévitables amenés par l'adop-
tion du christianisme, que tourner au détriment de
l'organisation politique slave. Les princes slaves
visèrent bientôt à une autorité aussi illimitée que
celle dont jouissaient les successeurs de Charlemagne, les empereurs romains allemands, et les
seigneurs slaves à posséder les mêmes droits et la
même puissance sur le peuple que les seigneurs
féodaux. Au XIe siècle, la noblesse devint en Bohême un privilége héréditaire, et il en fut de
même en Pologne aux XIIe et XIIIe siècles. Alors se
constitua complétement la chevalerie polono-
bohême. Princes et nobles se rattachèrent les uns
aux autres par des liens de plus en plus forts, et
chaque guerre, chaque diète fit perdre au peuple
quelques-uns de ses droits.

Plusieurs voyageurs ont écrit à ce propos que
les Slaves, au contraire, vivaient jadis sous le régime de la liberté ; d'autres l'ont répété, car il
est plus facile d'écrire un livre de *voyages* avec
les documents que l'on trouve aux bibliothèques
qu'avec ceux que l'on n'obtient qu'à la condition
de vivre de la vie des peuples dont on la préten-
tion de tracer le caractère. Et puis, tant de gens à

notre époque appliquent à tort et à travers ce mot *liberté*, sans s'être donné la peine de chercher à connaître la chose qu'il représente, et, quoi qu'on dise de la grande perspicacité du monde civilisé, il est encore si aisé de lui faire croire ce que l'on veut *quand on vient de loin*, qu'il a été et qu'il reste établi que le système libéral a été de tout temps en pleine activité chez les Slaves. — Et pourtant, comme on vient de voir, rien n'est moins vrai !

Tandis que ce qui précède se passait en Bohême et en Pologne, en effet les mêmes résultats étaient en Russie et dans le slavisme moscovite la conséquence des conquêtes faites sur les nations étrangères. C'est de la sorte que, dans les pays slaves du nord, où il n'existait pas de tiers état, parce qu'en raison de ses priviléges, il ne pouvait pas se créer de grands centres de population, la noblesse, affranchie de tout solide lien féodal, ne tarda point à devenir maîtresse et propriétaire unique du sol, et le peuple qui l'habitait esclave et serf. En général, celui-ci n'habitait que de misérables huttes ; toutefois, le commerce fit déjà fleurir quelques villes russes, telles que Vineta ou Julin (la Wollin de nos jours), Pleskoff, Nowgorod, Kiew, etc.

Voilà ce qu'étaient autrefois les Slaves, — agricolement, philologiquement, administrativement et politiquement parlant. Quant à leur religion, elle n'était que le simple culte de la nature. Leurs prêtres, dans les rites religieux, se servaient de caractères runiques. Dans l'est, ils reçurent le christianisme de Byzance ; dans l'ouest, de Rome et de l'Allemagne. Ici les apôtres qui les convertirent furent Adalbert, Othon et Boniface ; là, Cyrille et Methodius.

Aujourd'hui, les diverses populations slaves *réunies* présentent un total d'environ 86 millions d'âmes, tantôt dominatrices, tantôt soumises à d'autres peuples, possédant d'immenses territoires, qui s'étendent depuis les bords de l'Elbe jusqu'au Kamschatka, depuis la mer Glaciale jusqu'à Raguse sur l'Adriatique, jusqu'à la Chine et au Japon, et comprenant plus de la moitié de l'Europe avec un tiers de l'Asie.

En font partie les Spores ou Sorbes de la Lusace (en Saxe et en Prusse), avec les débris des Polabes ou habitants des bords de l'Elbe, dans le pays de Lunebourg, au nombre de 160,000 ; les Czèques de Bohême et de Moravie (4,414,000) ; les Slovaques du nord de la Hongrie (2,754,000) ; les Kassoubes et les Polonais (10,000,000) ; les Slowenses de la Styrie, de la Carinthie, de la Carniole et de l'Istrie (1,152,000) ; les Croates catholiques ou Chorwates de la Croatie et de l'Esclavonie (802,000) ; les Serbes ou Illyriens de la Hongrie et de la Dalmatie (2,000,000), de la Bosnie (600,000), de la Serbie (1,338,500), de l'Herzégovine (300,000) et du Monténégro (125,000) ; les Bulgares de la Turquie (4,860,000), de même que de la Russie et de l'Autriche (3,587,000) ; les Russes, plus de 51,000,000 d'âmes, dont 35,314,000 Grands-Russes, 13,144,000 Petits-Russes et 2,726,000 Russes-Blancs.

Comme on a pu le voir déjà dans ma préface, les populations slaves composent en Turquie la masse principale des habitants (7,223,500), tandis qu'on n'y compte que 2,750,000 Turcs seulement.

S'ensuit donc, je le répète, que les Slaves de la Turquie d'Europe ne sont pas à dédaigner, vu qu'ils constituent la majorité et la population presque exclusive des provinces situées entre le mont Hémus et le Danube : *Slaves bulgares*, habitant la Bulgarie et les parties septentrionales de la Macédoine et de la Thrace ; *Slaves serbes*, à la race desquels appartiennent non-seulement les habitants de la Serbie, mais encore les habitants du Monténégro, de la Bosnie, de la Croatie turque, de l'Herzégovine et des districts albanais limitrophes, qui ne diffèrent d'eux que par le dialecte.

Or, est-il possible que l'Europe hésite entre le devoir d'émanciper ces populations insurgées contre le banditisme ottoman et la solution qui consiste à maintenir la continuation de ce banditisme? Je ne le pense pas; le maintien de l'état de choses actuel en Turquie n'est pas une solution, c'est tout au plus l'ajournement de difficultés qui se renouvelleront à courte échéance, s'il faut en croire une feuille dont l'impartialité ne saurait être suspectée en cette matière, — cet aveu du *Temps* que j'ai rapporté au commencement de mon troisième chapitre.

Non, l'Europe ne peut point prendre parti pour ce qui croupit dans la fainéantise contre ce qui veut progresser, pour la barbarie contre la civilisation, pour le musulman contre le chrétien, pour le bourreau contre la victime innocente. Elle ne peut pas couvrir de sa protection un régime bien autrement odieux que tous ceux qui ont été renversés chez nous depuis un demi-siècle et à la chute desquels nous avons tous applaudi!

Comme l'a déclaré publiquement lord Russel en août 1875, la cause des raïas révoltés est une *bonne cause* : « Je suis prêt, a dit le célèbre homme d'État anglais, à souscrire cinquante livres sterling pour les insurgés qui se soulèvent contre la mauvaise administration de la Turquie. »

Le devoir de *toute* l'Europe, en présence de cette déclaration, de l'impuissance et du mauvais vouloir de la Turquie à mettre un terme aux souffrances des raïas de son empire, est de notifier au

gouvernement ottoman qu'elle lui retire son appui
et que les provinces actuellement encore soulevées
contre sa domination *ne veulent plus être turques.*
Comment cela? *Quod est demonstrandum!*

Si l'on a pu dire que l'Algérie, l'Italie, l'Inde,
le Caucase et la campagne de 1870-1871 ont été
de vastes champs de manœuvre pour les armées
de la France, de l'Autriche, de l'Angleterre, de la
Russie et de l'Allemagne, on peut également considérer l'Orient comme étant une vaste école normale pour leur diplomatie ; car si, d'un côté, les
continuelles escarmouches auxquelles ont été con-
viées leurs troupes ont entretenu l'ardeur de leurs
soldats et ont formé leurs plus brillants capitai-
nes, de l'autre, les questions multiples, et toujours pendantes, qui touchent aux plus grands
intérêts de l'Occident, ont façonné leurs diplomates, les ont initiés au maniement des affaires et ont
formé, elles aussi, plusieurs de leurs grands politiques.

Parmi les nombreuses questions toujours pendantes de la grosse et presque interminable question d'Orient, celle qui touche de plus près à
l'Europe, et doit rencontrer chez elle le plus de
sympathie, est sans contredit la question des nationalités chrétiennes de la Turquie, et, parmi ces
nationalités, celles, entre autres, des Croates

schismatiques, des Bulgares, des Herzégoviniens et des Bosniens.

Il ne me paraît en sorte pas inopportun de jeter d'abord un coup d'œil rapide sur la situation faite par les appréciations de la presse occidentale à ces populations, — populations si cruellement éprouvées, comme on sait.

En effet, je crois pouvoir avancer à ce sujet cette observation de l'auteur des *Silhouettes orientales*, auquel je viens de nouveau d'emprunter déjà, en les amendant pour la circonstance, les lignes qui précèdent qu'il appliquait en 1869 aux nationalités chrétiennes de Syrie ; — en effet, dis-je, je crois pouvoir avancer à ce sujet cette observation de M. Alfred d'Ancre : « Que si « bien des problèmes orientaux paraissent insolu- « bles à la presse occidentale, c'est que cette « presse ne les a pas étudiés consciencieusement, « sans parti pris, et qu'ainsi la diplomatie s'est « trouvée souvent entravée par les exigences erro- « nées de l'opinion publique. »

« On a pourtant, comme dit très-bien l'auteur en question, beaucoup écrit sur l'Orient, mais il faudra beaucoup écrire encore ; il faudra surtout observer, étudier *sur place* pour arriver à fixer l'opinion. La plupart de nos poëtes et de nos publicistes entreprennent leur voyage en Orient avec un bagage de ballades écrites d'avance ou d'idées préconçues. Les uns vont à la recherche d'une *almée* et du *Turc au turban vert,* et quand, après s'être croisé les jambes à la façon arabe et avoir absorbé quelques milliers de tasses de moka, assaisonnées de la douce fumée du narguileh, ils apprennent qu'une femme indigène serait huée si elle osait se donner en spectacle dans un lieu public, et que la plupart des Turcs sont coiffés d'un simple fez, ils s'en reviennent désillusionnés, — mais n'en chantent pas moins, en vers et en prose, les belles nuits étoilées qu'ils ont passées dans une auberge, strictement préservés par un moustiquaire... »

C'est notamment ici le cas, on sait, des Théophile Gautier et des Gérard de Nerval.

« Les autres se contentent de demeurer dans les villes, où ne contribue pas peu à les maintenir dans l'erreur, relativement aux mœurs des indigènes, la fréquentation continuelle des Européens fixés dans le pays, et que des intérêts commerciaux, ou autres, engagent souvent à déguiser la vérité... »

C'est le cas, on a vu, de Charles Asselineau.

« D'autres encore, absorbés par l'amour de la science, ou par la manie des antiquailles, ne considèrent l'Orient que comme une mine à découvertes archéologiques et historiques ; ils n'y voient que des ruines, des inscriptions en langue morte, des stèles et des cèdres qui datent des temps oubliés... »

C'est le cas, par exemple, du... maronite, de l'égyptophile Eugène Poujade, et des Mariette-Bey.

« Enfin, les plus pernicieux sont, sans contredit, ceux dont l'esprit inquiet croit voir, dans les faits les plus naturels qui se produisent devant eux, les ramifications d'une profonde politique, et qui ne se servent de tout ce qu'on leur débite bénévolement que comme autant d'arguments en faveur du parti qu'ils ont adopté ou du système qu'ils ont combiné... »

C'est surtout le cas des Lamartine et des Edmond About.

« Car il faut bien, hélas ! le reconnaître : notre imagination va trop souvent au delà de nos yeux. La triste et tyrannique marotte du système social et politique jouit chez nous, depuis bon nombre d'années, d'une grande considération ; chacun fait sa petite répartition des couronnes de la terre, voire de nouvelles constitutions pour chaque État, et bien des gens ont lu tant de romans, qu'ils sont portés à en comparer les ficelles embrouillées aux ressorts simples et réguliers de la vie réelle.

« En somme, le plus grand nombre des explorateurs ou visiteurs des contrées du Levant, ayant entendu tant de fois comparer à un agonisant l'empire de Turquie, sont naturellement enclins à ne considérer l'Orient que comme une vaste nécropole, un immense cimetière du vieux monde dans lequel il nous faut passer la charrue des idées nouvelles... »

Il y a pourtant là des populations dont il est utile d'étudier le caractère ; il y a pourtant là des populations qui vivent, qui pensent, qui progressent comme nous ; et si ces populations méritent notre sympathie, c'est certainement celles-là ; il y a là des populations dont toutes les traditions sont des témoignages de notre ancienne chevalerie ; il y a là des populations qui sèment le grain, font pousser les arbres à soie, et voient la vigne et les orangers sur le sol qui fut le berceau sanglant de la noblesse des premières maisons de l'Europe ; il y a là des populations qui savent mourir pour les mêmes idées que nous défendons : — mourir, non comme nos soldats, avec la mâle consolation que chaque goutte de leur sang qui tombe est une perle pour la couronne de gloire que l'histoire leur réserve, mais mourir martyres et ignorées, sous le yatagan du fanatisme.

Ces populations, ce sont notamment les populations slaves de la Bosnie, de l'Herzégovine, de la Bulgarie et de la Croatie turque !

Une brochure remarquable, *le Démembrement de l'Empire ottoman*, par M. Henri Grignan, que j'ai citée encore dans mon troisième chapitre, on a vu, à propos des aveux du *Temps*, de l'opinion des partisans de l'intégrité de la Turquie en cette matière, a déjà mis, il y a un an et demi, le public au courant de tous les tenants et aboutissants de l'insurrection de l'Herzégovine, de la Bosnie et de la Croatie turque — pour ne parler que des provinces insurgées à cette époque.

Je continue d'en extraire, comme je l'ai fait à l'encontre de l'auteur des *Silhouettes orientales*, les principaux passages, vu qu'elle contient, selon moi, la *véritable* solution de la question d'Orient.

« L'Europe vivait tranquille depuis cinq ans, nous apprend M. Grignan, — M. de Bismarck lui-même n'avait pas réussi à troubler la paix, quand tout à coup la nouvelle est arrivée que des désordres venaient d'éclater en Turquie.

« L'opinion publique s'en est peu émue tout d'abord, croyant qu'il s'agissait simplement d'une de ces échauffourées si fréquentes dans les États du sultan et qui sont étouffées dans le sang avant même que le cri des victimes soit parvenu jusqu'aux oreilles de la diplomatie. Mais quelques jours s'étaient à peine écoulés que l'échauffourée était devenue une insurrection, et depuis, malgré les démentis intéressés qui sont partis de Londres et de Constantinople, il est incontestable que le mouvement dont l'Herzégovine avait donné le signal était un mouvement national.

« Ce n'était pas un village qui s'était soulevé, et qu'une patrouille de gendarmes turcs pouvait mettre à la raison, c'était un peuple entier qui se lassait de porter le joug et qui voulait conquérir son indépendance.

« C'était la population slave de l'Herzégovine, de la Bosnie et de la Croatie turque, à bout de sacrifices et de patience, qui prenait les armes pour avoir le droit de ne plus être odieusement exploitée, pressurée, dépouillée, torturée par les beys, les agas et les pachas turcs.

« Disons-le hautement, il a fallu que les Slaves, sujets de l'empire ottoman, eussent une dose peu commune de résignation, pour subir le régime odieux sous lequel ils végétaient depuis le temps de la conquête. Il a fallu, en outre, chose à remarquer, comme on peut se rappeler, que l'Europe intervînt chaque fois qu'une plainte échappait aux victimes et leur fît entrevoir un avenir meilleur.

« Les Slaves avaient pris longtemps ces promesses au sérieux ; ils avaient cru que l'Europe civilisée ne tolérerait pas le maintien en Turquie d'une législation barbare, d'une administration plus barbare encore, et ils s'étaient résignés à vivre d'une vie de douleur, de misère et d'abjection, en comparaison de laquelle le sort du nègre lui-même est enviable. Le possesseur du noir se charge du moins de le nourrir, tandis que le fonctionnaire musulman réduisait le Slave à la plus épouvantable misère, et l'emprisonnait ou le tuait s'il s'avisait de réclamer.

« Quelle est la nation de l'Europe qui consentirait à vivre vingt-quatre heures sous un pareil régime? Les Slaves l'avaient subi depuis longtemps en silence, mais le mal avait empiré au lieu de diminuer, et le moment est venu où tous les chrétiens de l'Herzégovine, de la Bosnie et de la Croatie turque ont été debout pour secouer le joug.

« La guerre sainte était déclarée, les Serbes et les Monténégrins accouraient en foule pour venir en aide à l'insurrection ; les Bulgares s'agitaient, et les Grecs n'attendaient que le moment propice pour entreprendre de nouveau la guerre de l'indépendance.

« C'était la question d'Orient qui se posait avec un caractère de gravité qu'elle n'avait pas eu jusqu'alors, et l'Europe comprenait enfin qu'elle ne pouvait plus rester indifférente à ce qui se passait dans les provinces chrétiennes de l'empire ottoman. Elle a offert ses bons services à la Porte, qui les a naturellement acceptés, et elle promettait aux insurgés d'obtenir une réforme de l'administration turque; quelle valeur pouvaient avoir ces promesses? Vingt fois déjà, de gré ou de force, la Porte s'était engagée à donner à ses provinces slaves des lois équitables et des fonctionnaires honnêtes. Cet engagement avait-il jamais été tenu même en partie?

« Restait-il trace de la réforme de Sélim III, de celle de Mahmoud II et de la constitution de Gulhâné? Quels résultats avaient-elles produits? Quelle amélioration avaient-elles réalisée? Les priviléges de la noblesse étaient restés abolis, cela est vrai, mais elle avait conservé tous ses priviléges sociaux que Sélim III, Mahmoud II et Réchid-Pacha s'étaient bien gardés d'entamer, et l'on voyait subsister un féodalisme foncier qui écrasait, non-seulement les populations chrétiennes, mais aussi la population musulmane. Abdul-Medjid, après Réchid-Pacha, n'avait même pas jugé à propos de laisser croire qu'il poursuivait la chimère de la continuation de la réforme de Sélim III et de son père, de la constitution de Gulhâné, et, sous le règne d'Abdul-Aziz, la Porte était audacieusement revenue à l'ancien système d'oppression et de terrorisme.

« La révolte de l'Herzégovine s'expliquait et se justifiait donc, et l'Europe ne devait éprouver aucune surprise si son intervention diplomatique ne suffisait plus pour faire déposer les armes aux intéressantes victimes du despotisme turc.

« Les chrétiens de l'Herzégovine, de la Bosnie et de la Croatie turque savaient, par une longue et triste expérience, que cette intervention ne produirait aucun fruit. La Porte ferait peut-être encore, elle ferait sûrement de belles promesses devant lesquelles les puissances se déclareraient satisfaites, mais elle n'en tiendrait aucune.

« Elle avait fait mieux que promettre, elle avait signé avec la Serbie (après le bombardement de Belgrade en 1862) une convention qui l'obligeait à évacuer toutes les forteresses serbes où elle tenait garnison, et elle restait néanmoins en possession du Petit-Zwornick.

« Si l'Europe entière était incapable d'obtenir que la Porte fît honneur à sa signature — même quand il ne s'agissait point d'une question d'argent — comment voulait-on que les pauvres raïas des provinces slaves de l'empire se fiassent à la parole d'un grand-vizir? Comment voulait-on qu'ils crussent encore à des promesses si souvent et si impunément vidées malgré l'intervention des puissances dites *protectrices?*

« Non, non, ils ne pouvaient plus y croire ; la mauvaise foi de la Porte, l'abandon de l'Europe ousa faiblesse les ont exaspérés, et ils ne déposeront définitivement les armes aujourd'hui, qu'après avoir brisé un joug décidément trop lourd à porter, après avoir conquis l'indépendance. »

A suivi bientôt, comme on sait, l'insurrection de la Bulgarie, suivie à son tour de la prise d'armes de la Serbie et du Monténégro.

La situation, à cette heure encore, est que les populations slaves de la Bulgarie, de la Bosnie, de la Croatie turque et de l'Herzégovine *ne veulent plus être sous la domination de la Porte.*

L'intérêt bien entendu de l'Europe est-il de favoriser ou de contrecarrer l'exécution de ce projet? Je n'hésite pas à conclure avec M. Grignan en faveur des chrétiens révoltés, et j'ai la conviction profonde que la paix ne risquera plus d'être troublée en Orient dès qu'ils auront obtenu satisfaction, c'est-à-dire qu'ils auront été soustraits à la domination de la Porte.

Impuissants à laver l'administration turque des reproches qui lui ont été adressés, les amis de la Porte n'ont pas même essayé de la défendre. C'eût été, d'ailleurs, un éclat de rire universel, s'ils avaient osé prétendre, comme Lamartine, que les fonctionnaires musulmans sont impartiaux, intelligents, intègres.

Les avocats de l'empire ottoman ont compris que, sur ce terrain, leur cause était perdue d'avance ; ils ont éludé le débat, mais ils se sont attachés à accréditer l'opinion que l'intégrité de la Turquie était l'arche sainte à laquelle on ne pouvait toucher sans qu'aussitôt tous les maux de la guerre se déchaînassent sur l'Europe. Ils nous ont montré l'Autriche aux prises avec la Russie, ils ont fait intervenir l'Allemagne, la France et l'Angleterre dans cette lutte gigantesque ; en un mot, ils ont cherché à épouvanter l'Europe, et il faut bien avouer qu'ils y ont réussi jusqu'à la dernière heure.

Or, est-il vrai que le démembrement de la Turquie doive être le signal d'une conflagration générale ? Certes, si la Porte était en guerre avec une grande puissance européenne, la Russie ou l'Autriche, par exemple, qui rêvent de s'emparer des provinces voisines du Danube ou de Constantinople, on pourrait craindre une conflagration générale, attendu que l'équilibre européen serait rompu, les non-belligérants exigeraient des compensations sur lesquelles il serait sans doute impossible de s'entendre, et la guerre ne pourrait pas facilement être localisée.

Mais il ne s'agit plus aujourd'hui de diminuer l'empire ottoman au profit exclusif d'une grande puissance ; les sujets de la Porte qui se sont soulevés ne demandent pas à être annexés à l'Autriche ni à la Russie, ils n'éprouvent pas le désir de substituer une domination étrangère à la domination turque ; ils ne nourrissent pas même l'ambition que d'autres ont éprouvée de sortir de leurs frontières naturelles, et d'imposer aux provinces musulmanes de la Turquie le joug qu'ils veulent secouer eux-mêmes; ils se bornent à demander qu'on veuille bien les laisser se soustraire *tout seuls* à la tyrannie ottomane. Après quoi ils prendront, selon toute apparence, le parti de proclamer leur union avec la Serbie ou le Monténégro, où ils trouveront un pouvoir libéral, une administration honnête, deux princes de leur sang et deux peuples de frères. .

L'Europe peut cette fois se croiser les bras et assister au triomphe des Slaves sans brûler une amorce. Ce rôle est sans doute moins généreux et moins noble que ne le serait l'envoi à Constantinople d'un *ultimatum* devant lequel la Porte se résignerait forcément à reconnaître enfin l'indépendance des raïas; mais il présenterait l'avantage de calmer les alarmes de ceux qui voient sans cesse les puissances européennes prêtes à s'entredéchirer, et il n'empêcherait pas le succès de la... bonne cause.

Il y aurait ainsi une effusion de sang qu'il serait humain de faire cesser, mais la guerre serait localisée, la lutte serait circonscrite au delà du Danube entre les insurgés, leurs alliés et les Turcs, et la question d'Orient ne serait pas assoupie *pour quelques années seulement*, elle serait définitivement rayée de l'ordre du jour.

Telle était la solution que donnait, il y a un an et demi déjà, M. Henri Grignan de la question d'O rient. On le sait, la situation a changé depuis, mais on est toujours encore à chercher une solution [1]. En attendant mieux, je m'en tiens toujours à la solution de l'auteur du *Démembrement de l'Empire ottoman* qui, on a pu le voir, est aussi la mienne, — la seule praticable ! quand surtout je compare l'état actuel de l'empire ottoman à ce qu'il était autrefois ; empire puissant jadis, colosse aux pieds d'argile aujourd'hui, — ce qu'à son tour je vais tenter de retracer d'autre part.

---

1. On peut se rappeler à ce sujet que la Russie, à l'ouverture de la conférence préliminaire, admettait en principe une occupation militaire de la Turquie confiée aux troupes des États neutres.

L'entente devait être définitive quand les puissances auraient résolu quelle conduite il conviendrait de tenir si la Porte refusait d'adhérer à leurs décisions. L'Agence générale russe, selon une dépêche de Saint-Pétersbourg du 15 décembre, proposait, en cette hypothèse, l'occupation des Dardanelles et de la Roumélie par l'Angleterre, de la Bulgarie par la Russie, de la Bosnie et de l'Herzégovine par l'Autriche, de l'Épire et de la Thessalie par l'Italie.

Relativement à la Bulgarie, les idées d'occupation étaient divergentes. La Russie paraissait croire que tous les districts habités par les Bulgares devaient être considérés comme faisant partie de la Bulgarie. Si cette manière de voir était adoptée, la Bulgarie devait comprendre plus de la moitié de la Turquie.

On a ensuite parlé d'une occupation de la Bulgarie par la Belgique ; mais, comme on sait, le gouvernement belge a décliné cette proposition. Ce qui a fait que les plénipotentiaires n'ont rien entrepris en ce qui concernait les arrangements à prendre à cet égard, et ont notifié à la Porte que les garanties des provinces insurgées seraient réglées ultérieurement.

VI

L'empire ottoman forme aujourd'hui la portion
la plus considérable du continent européen. Ce
colosse aux pieds d'argile, appelé *empire de Turquie* et qui se compose d'une agrégation de contrées du sud-est de l'Europe, de l'ouest de l'Asie
et du nord-est de l'Afrique, réunies uniquement
par la conquête, ne formant point de tout géographique, mais appartenant à la plus belle partie de
l'ancien monde, n'en est pas moins, vu sa situation,
d'une haute importance politique et commerciale.

En Europe, il comprend la presqu'île illyrienne,
plus généralement connue sous le nom de *Turquie*

d'Europe, d'une superficie de 6,550 myriamètres
carrés; en Asie, la presqu'île d'*Anatolie* ou *Asie
Mineure*, le pays de plateaux qu'on nomme l'*Arménie*, les contrées riveraines de l'Euphrate et de
la mer Rouge appelées la *Syrie*, l'*Algésirèh* (ancienne Mésopotamie), le *Kurdistan* (partie de
l'Assyrie et de la Susiane), l'*Irak-Arabi* (ancienne Babylonie) et l'*Arabie*, — ensemble d'une
superficie d'environ 17,500 myriamètres carrés;
en Afrique, l'*Égypte* et les contrées de la *Nubie*
qui en dépendent; sur les côtes de la Méditerranée, *Tunis* et *Tripoli*,— ensemble d'une superficie d'environ 21,000 myriamètres carrés.

L'étendue totale de l'empire de Turquie est
donc de 45,050 myriamètres carrés.

Par cette simple énumération, on voit tout de
suite que pour cet empire il ne saurait être question d'une description générale et d'ensemble de
sa configuration d'après ses limites, son étendue,
la nature de son sol, ses rapports physiques, eth-
nographiques et historiques: Il faut se borner à
dire, au point de vue de la statistique, qu'il con-
fine au nord à l'Autriche et à la Russie; à l'est à
la Perse; au sud à l'Arabie, à l'Abyssinie et à
l'intérieur de l'Afrique; à l'ouest à l'Algérie : tandis que l'Adriatique, la Méditerranée et la mer
Noire, la mer de Marmara avec ses deux détroits,
le royaume de Grèce, le désert de Syrie, celui

d'Arabie et le Sahara, fractionnent de la manière la plus diverse ce tout politique *plus ou moins douteux*, et entourent les pays dont il est formé.

Les données relatives à sa population sont également très-incertaines ; mais on en estime avec quelque vraisemblance le chiffre à 39,373,000 âmes, dont 18,843,000 en Europe, 13,630,000 en Asie, et 6,900,000 en Afrique. Les parties les plus peuplées sont le littoral de l'Hellespont et de la mer de Marmara, ainsi que la vallée du Nil (5,200,000 âmes). La population des villes est plus nombreuse qu'on ne serait porté à le croire, d'après le peu de développement qu'y a pris l'industrie. Toute cette population ne forme rien moins qu'une nation. De même que l'Empire ottoman est une agrégation de territoires, elle est, comme en Autriche, une agrégation de peuplades de la nature la plus diverse, que l'émigration et la conquête ont juxtaposées.

En tête de cette population sont les *Turcs* ou *Osmanlis*, qui prédominent, mais sans former pour cela la principale masse de la nation. On peut évaluer leur nombre à 11,000,000 de têtes au plus, dont seulement, comme je l'ai déjà dit, 2,750,000 en Europe. C'est conséquemment en Anatolie, en Arménie et dans le reste de l'Asie que cette partie de la population est la plus compacte (8,250,000 âmes).

Comme race conquérante, les Turcs possèdent la plus grande partie de la propriété territoriale, remplissent tous les emplois civils et militaires, et habitent en général les villes, où ils s'occupent aussi de divers métiers. On ne les rencontre comme agriculteurs que là où ils restent groupés en grandes masses, notamment en Arménie et en Anatolie. Au total, on peut dire que par leurs fréquents mélanges avec des femmes appartenant à d'autres races et avec une multitude de renégats, qui, en embrassant l'islamisme, se trouvaient de la sorte agrégés à la nation dominante, les Osmanlis ont singulièrement perdu, tant au physique qu'au moral, de l'antique caractère de leur race, encore bien que le plus grand nombre d'entre eux se distingue toujours, comme on sait, par son fanatisme, sa grossièreté, son indolence asiatique, de même, soi-disant, que par une certaine bonhomie, par sa franchise, sa loyauté et ses dispositions hospitalières.

A la même race que les Osmanlis appartiennent également les *Turcomans*, populations nomades que l'on trouve au centre de l'Anatolie et en Arménie, parlant la même langue que les Turcs, mais seulement dans un dialecte différent.

Indépendamment des Osmanlis et des Turcomans appartenant à la race ouralo-altaïque, on rencontre dans l'Empire ottoman de nombreux peuples d'origine sémitique, entre autres les *Arabes* qui, hors de l'Arabie, constituent un important élément de population en Syrie, dans les régions riveraines de l'Euphrate, ainsi que dans les possessions turques du nord de l'Afrique, et qui parlent la langue arabe, à l'exception de quelques tribus de la Mésopotamie, qui ont adopté le dialecte turco-persan.

Viennent, après les Arabes, les peuples syriens, les *Druses* et les *Maronites*, sur le Djebel-Haurân ou Anti-Liban et le Liban proprement dit; les *Métualis* en Cœlé-Syrie, les *Ansariés* ou *Nossaïris* au nord de la Syrie, et les *Nestoriens* ou *Chaldéens* en Mésopotamie et sur le plateau du Kurdistan, — ces derniers parlant un dialecte dérivé de l'ancienne langue syriaque, — les Métualis, les Maronites, les Druses et les Ansariés des dialectes arabes.

Il faut enfin mentionner les *Juifs*, répandus, au nombre d'environ 1,000,000 d'âmes, dans toutes les parties de l'empire, et dont 70,000 environ habitent la Turquie d'Europe. La plus grande partie de ces derniers, de même que les Juifs qu'on rencontre sur le littoral de Tunis (1,500,000 âmes), de Tripoli (200,000), du Maroc, de l'Algérie et de l'Anatolie, y arrivèrent d'Espagne au xve siècle,

et parlent encore aujourd'hui un espagnol cor-
rompu. Dans le reste des deux Turquies, ils parlent la langue locale. En Palestine, ils constituent
d'importantes communautés agricoles.

En fait de nations caucasiennes, il y a dans
l'Empire ottoman les *Arméniens*, au nombre de
2,400,000 âmes, qui composent dans l'Arménie,
leur pays, un fort tiers de la population, et qui
sont en outre répandus comme marchands dans
presque toutes les villes de l'empire. Puis les
Lases, dans les montagnes du littoral de la mer
Noire, depuis Trébizonde jusqu'aux possessions
russes, mais appartenant à la famille des langues
géorgiennes. Les *Yézidiens* ou *Kurdes* du Kurdistan appartiennent à la race persane ; toutefois,
ils paraissent être d'origine très-mélangée, comme
semble le démontrer leur langue.

Les peuples appartenant à la race gréco-latine
sont numériquement plus importants dans l'Empire ottoman que ceux que je viens de mentionner.
Ce sont les *Grecs*, au nombre d'environ 2,100,000
âmes, composant la masse principale de la population de l'Anatolie, de la Macédoine, de la Thessalie et des îles, où ils sont très-nombreux, surtout en Anatolie (700,000), résidant particulièrement sur toutes les côtes, les plus industrieux et
souvent aussi les plus riches cultivateurs du sol,
mais en Anatolie ayant presque complétement re-

noncé à leur langue et à leur nationalité pour s'assimiler le plus possible aux Turcs, autant du moins que le permettait la différence de religion, et se trouvant en outre plus ou moins dispersés dans toutes les grandes villes, mais de préférence dans les places de commerce de l'empire.

Après les Grecs, je citerai les *Arnautes* ou *Albanais*, à peu près aussi nombreux (1,800,000), qui habitent la province d'*Albanie*, sur la mer Adriatique, et enfin les *Valaques* ou *Moldaves*, au nombre de 4,000,000 d'âmes, qui ne peuplent pas seulement la *Valachie* et la *Moldavie*, mais qu'on trouve encore sous diverses dénominations dans toutes les autres provinces de la Turquie d'Europe. Les habitants de race slave, ainsi qu'on a pu voir dans le chapitre précédent, sont en tout cas les plus nombreux dans l'Empire ottoman ; on ne les rencontre toutefois que dans la Turquie d'Europe.

Après les Albanais, les Moldaves et les Valaques, je mentionnerai encore les *Tziganes* ou *Bohémiens*, nombreux en Moldavie et en Valachie, où ils vivent dans un état d'esclavage complet, mais répandus aussi comme bandes nomades dans toutes les autres provinces de l'empire.

Quant aux nations de race africaine qu'on trouve dans cet empire, elles se composent aussi bien des *Berbères* septentrionaux de Tunis, de Tripoli, du sud-est de la Nubie, et des diverses oasis de l'Afrique, que des *tribus nègres* du Kordofan, du Sennaar et du Darfour.

En ce qui touche son organisation politique, l'Empire ottoman, comme j'ai dit encore, présente complétement le caractère du despotisme asiatique, — où l'arbitraire illimité du souverain constitue la loi absolue, — où l'administration repose sur les vieux principes du bon plaisir : arbitraire et bon plaisir, on a vu, qui dominent depuis le haut de l'échelle jusqu'en bas.

Les contrées dont il se compose se divisent en possessions *médiates* et en possessions *immédiates*.

Les premières sont : en Europe, les principautés vassales de *Moldavie*, de *Valachie* et de *Serbie*, ainsi que les îles de *Candie*, de *Chypre* et de *Samos* dans la Méditerranée et l'Archipel ; en Afrique, la vice-royauté d'*Égypte* et les régences de *Tunis* et de Tripoli.

Les provinces immédiates sont divisées en gouvernements ou *eyalets* (vilayets), appelées ordinairement *pachalics*, et les eyalets à leur tour en *livas*. Les gouverneurs d'eyalets portent le titre de *mouchirs*, et ont rang de vizir ou de pacha à trois queues ; ceux des livas sont des caïmacans ou pachas à deux queues. Les provinces d'Europe sont divisées en 16, celles d'Asie en 21, et celles d'Afrique en 3 eyalets.

Outre cette division politique et administrative, il existe encore dans la Turquie d'Europe l'ancienne division historique et géographique en provinces de *Thrace*, de *Thessalie*, de *Macédoine*, de *Bulgarie*, de *Bosnie* et d'*Albanie*. Mais entre ces possessions médiates et immédiates, il en existe encore plusieurs qui prétendent à un état de vasselage analogue, quoique légalement défini, et qui en beaucoup de cas se transforme en indépendance de fait, par exemple, en Europe, la *Serbie*, la *Roumanie* et le *Monténégro;* en Asie, les principautés kurdes, plusieurs tribus arabes, riveraines de l'Euphrate ou fixées dans les déserts de la Syrie; enfin, les possessions de la Porte en Arabie.

L'administration provinciale est complétement aux mains des gouverneurs (*walis*), qui exercent un pouvoir sans bornes dans les provinces qui leur sont confiées et qu'ils considèrent comme des fiefs. Responsables de la conduite des percepteurs d'impôts (*moubrakils*), des sous - gouverneurs, leurs lieutenants (*caïmacans*), des chefs de districts (*moudirs*), des membres des conseils municipaux (*medjetis*), ils nomment ces différents fonctionnaires et les destituent quand leur conduite leur paraît contraire à leur bon plaisir. Aussi, sont-ils

tous, je le répète, de véritables despotes dans les
limites de leurs gouvernements respectifs, où
assez souvent leur puissance arbitraire se tourne
contre la Porte elle-même, surtout dans les provinces éloignées.

Quant aux droits des sujets dans l'Empire ottoman, il n'en est pas pour ceux-ci, on conçoit, à
l'égard du sultan : ainsi qu'on a vu également, ils
ne sont que ses esclaves, car, sauf quelques excep-
tions, il n'y a pas de différence entre les diverses
couches sociales.

En revanche, il y a une différence bien tranchée
entre les droits des habitants entre eux et leur
état politique.

En effet, suivant les antiques usages des Ottomans, la population est divisée en deux classes :
celle des musulmans, indistinctement, seule dominante et possédant des droits, ayant à sa tête les
conquérants du pays, les Osmanlis, qui sont les
véritables seigneurs et propriétaires du sol, et
dont le Koran est la loi civile ; et celle des raïas,
de la gent taillable et corvéable à merci, des pro-
létaires, dominés et privés de droits.

Sous cette dénomination de *raïas*, officiellement
remplacée par celle de *tebohs* depuis le hattischérif
de Gulhâné (3 novembre 1839), sont aussi com-
prises la plupart des populations chrétiennes,
juives ou idolâtres subjuguées par les Osmanlis,

qui sont incapables de remplir des fonctions publiques, vivant entre elles suivant un droit antique et particulier, et soumises de tout temps à l'oppression et à la tyrannie les plus révoltantes.

Comme on le voit, le gouvernement turc, par ces réserves, n'a fait que continuer la politique traditionnelle de la loi de l'Islam en Orient, relativement aux religions étrangères, dont cette loi est, et fut toujours, depuis son établissement, l'ennemie naturelle.

Ne l'oublions pas, deux principes politiques sont et seront encore longtemps en présence en Orient, malgré les traités, conventions ou protocoles signés et paraphés à Vienne, à Paris, à Londres ou Constantinople : — d'une part, le *statu quo* industriel et l'extinction, par la conquête, de la race chrétienne ; — de l'autre, l'activité et la fraternité, par le progrès moral et scientifique, entre toutes les races, à quelque religion qu'elles appartiennent ; en deux mots : l'Islamisme et le Christianisme !

En ce qui concerne leur genre de vie, tous les habitants chrétiens de l'Empire ottoman sont agriculteurs ou éleveurs de bestiaux ; il n'y a qu'une fraction de la population grecque qui se consacre à la marine.

Il en est de même d'une grande partie des races

vivant à la campagne, des Herzégoviniens, des
Croates, des Bulgares, des Bosniens et des Albanais qui suivent la loi du Prophète, des *fellahs*
arabes de l'Égypte et de la Syrie, des Métualis,
des Druses et des Ansariés dans le Liban, des
Berbères du nord de l'Afrique.

Par contre, la majorité des Arabes, des Bé-
douins et des habitants berbères des déserts du
continent africain, de même que la plupart des
Kurdes et des Turcomans, sont nomades ou à
moitié.

S'ensuit de là que l'agriculture se trouve dans
un état de négligence extrême dans tout l'empire.
L'insécurité de toute espèce de propriété, la paresse infuse des Orientaux et leur attachement aux
usages antiques, le défaut de voies de communication, l'absence de moyens d'irrigation ou l'état de
délabrement dans lequel on les a laissés tomber,
surtout en Anatolie, en Syrie et dans les contrées
riveraines de l'Euphrate, résultat naturel de la
domination barbare des Osmanlis, s'opposent à la
mise en culture efficace de la terre.

Malgré cela, comme je crois également l'avoir
dit, les pays soumis à ces excellents Turcs sont
du nombre des plus fertiles du monde, à cause de
la richesse naturelle de leur sol et de la douceur
de la température ; car, en dépit de l'état de décadence où s'y trouve l'agriculture, on continue d'y

récolter d'énormes quantités de coton, de tabac, d'olives, de sésame, de riz, de maïs, de froment et d'autres céréales. La culture de la vigne, pratiquée sur une large échelle, notamment par les chrétiens, produit des vins de premier choix. On y recueille partout beaucoup de fruits de toutes espèces, mais non en aussi grande quantité qu'on pourrait l'attendre de la nature du sol.

Je mentionnerai de même encore la culture du pavot pour la préparation de l'opium, de la rose pour la fabrication de l'huile de rose, de l'indigo, de diverses plantes tinctoriales et de différentes épices. La sériciculture est également très-productive, mais plus pour la quantité que pour la qualité. L'élève des chevaux, des chameaux et des moutons prospère, notamment parmi les peuplades nomades. Celui du gros bétail réussit plus particulièrement dans les plaines du bas Danube, et les environs d'Angora sont célèbres par la race de chèvres à poils soyeux à laquelle elles donnent leur nom.

En ce qui touche l'industrie, dont le centre est surtout dans les villes, elle ne se trouve pas seulement réduite à l'état le plus misérable dans toutes les parties de l'empire, mais même elle est bien déchue aujourd'hui de ce qu'elle était autrefois. Il n'existe pas de manufactures proprement dites. Quelques industries spéciales ont atteint, à la vérité, un certain degré de supériorité, par exemple, quelques branches de la préparation des cuirs, la fabrication des soieries et des tapis, celle de l'essence de rose ; mais, au total, elles sont trop peu importantes pour constituer une grande industrie et donner lieu à un commerce étendu. Toutes les sectes religieuses et toutes les populations fixes de l'empire participent bien à l'exercice de tous les métiers ; quoi qu'il en soit, d'ordinaire, certaines industries se trouvent seulement aux mains de certaines fractions des populations, cela parfois même à l'exclusion de toutes les autres.

Quant au commerce, il est particulièrement entre les mains des Juifs, des Grecs et des Arméniens, les premiers se consacrant plutôt au petit commerce de détail, et les derniers aux affaires de banque.

En somme, l'abondance des produits, l'heureuse situation commerciale des provinces de l'Empire ottoman, assises sur cinq différents bassins maritimes, et la possession des plus importantes routes commerciales créées par la nature, ainsi que de ports excellents, donnent, donneront toujours une grande importance au commerce de la Turquie, malgré tous les obstacles que lui opposent, lui opposeront le manque de sécurité publique, le défaut de crédit et de routes praticables ; mais il est, sera loin d'être ce qu'il a été, et bien plus loin encore de ce qu'il pourrait être dans des circonstances plus favorables.

.   .   .   .

Certes, après avoir examiné ce tableau que je viens de faire, à leur tour, de l'étendue, de la population, des races multicolores, de l'organisation politique, administrative et sociale, du genre de vie, de l'état de l'agriculture, des productions naturelles, de l'industrie et du commerce du colosse aux pieds d'argile ottoman, — certes, dis-je, nous sommes également bien loin du temps où, selon l'auteur de *l'Italie et Constantinople*, ces excellents Turcs *vivaient de leur terre, se nourrissaient du riz de leurs champs et des moutons de leurs troupeaux*, et bien plus loin également encore, ainsi qu'on va, de son côté, le voir dans les quatre chapitres suivants, de celui où, selon le chantre de *Jocelyn*, son grand panégyriste, *ce peuple de patriarches et de contemplateurs, d'adorateurs et de philosophes, faisait honneur à l'humanité !*

Heureux, bienheureux peuple, d'avoir pu posséder un souverain qui, pendant les dix-sept années de son règne, égorgea de sa main, ou fit égorger 14,000 chrétiens !

VII

Les Turcs ottomans ou Osmanlis, je l'ai dit, ainsi
que les Magyars, se rattachent à la race ouralo-
altaïque ou tartare ; ils tirent le surnom qui les
distingue d'un de leurs chefs, Othman ou Osman.

La plus ancienne apparition de ce peuple dans
l'histoire remonte à la première moitié du xiii[e]
siècle. Soliman, aïeul d'Othman, commandait en
1228 une troupe d'environ 400 cavaliers ; telle fut
l'origine d'une puissance qui devait ruiner l'empire des Constantin et des Paléologues, et faire
trembler l'Europe.

Les principaux sultans qui fondèrent et agrandirent l'empire ottoman jusqu'à la fin du moyen
âge furent Othman (1288-1326), Orkhan (1326-
1360), Amurath Ier (1360-1389), Bajazet Ier (1389-
1403), Mahomet Ier (1403-1421), Amurath II (1421-
1451), Mahomet II (1451-1481).

Quelques-uns des ancêtres d'Othman nous sont

connus. Ertogrul, fils de Soliman, grand chasseur devant les derniers sultans seldjoucides [1], ayant rendu quelques services au sultan de Roum ou d'Iconium, en reçut le territoire d'Ancyre (Angora).

Othman, Ottomon ou Osman, qui succéda à Ertogrul, son père, en 1288, est regardé comme le fondateur de la puissance ottomane. A cette époque, la sultanie seldjoucide de Roum tombait en ruine. Othman s'empara d'une partie des terres des sultans seljoucides, et notamment d'Iconium (Konieh), leur capitale (1299). Plusieurs autres provinces de la Thrace et de l'Asie-Mineure tombèrent en son pouvoir. Sous son règne, l'histoire des Turcs commence à se lier intimement avec celle du Bas-Empire. *Ce fut également sous Othman que les Osmanlis embrassèrent le mahométisme.*

Mais le véritable fondateur de la puissance des

1. En 935, sous le califat d'Ibn-Rayer, comme on sait, il s'était élevé de tous côtés des dynasties indépendantes, qui ne laissèrent aux Abbassides que la ville de Bagdad, avec la suprématie spirituelle.

De 997 à 1028, entre autres, Mahmoud, sultan de Gazna, s'empara d'Ispahan et éleva un puissant empire dans la Perse. Dix ans plus tard, les Turcomans, qui habitaient le pays entre la mer Noire, la mer Caspienne et l'Oxus, secouèrent la domination des Gaznévides, et fondèrent la dynastie des sultans seldjoucides d'Iran, qui s'emparèrent de l'Arménie, de la Cappadoce, de la Syrie, et qui se divisèrent ensuite pour former les sultanies de Roum, d'Alep, de Damas et de Kerman, tributaires du royaume de Perse.

Turcs ottomans fut le fils et successeur d'Othman,
Orkhan (1326-1360). Belliqueux et loyal comme
son père, mais en outre politique plus habile, il
conquit, dès le commencement de son règne,
Brousse (autrefois Prusa), où il établit sa résidence; en 1327 Nicomédie, en 1328 Nicée, la plus
importante des places fortes situées sur les frontières de l'empire grec, et, en 1330, toute la Bi-
thynie. L'empire byzantin, gouverné alors par les
Paléologues, était trop faible pour résister aux
Osmanlis, animés d'un fanatisme ardent et con-
vaincus, dans leurs idées de prédestination, que
l'empire de l'Asie leur était réservé. Orkhan ne
fut pas seulement conquérant, il donna des institutions et des lois à son nouvel empire, fonda des
établissements d'instruction et de bienfaisance à
Brousse, établit les *cadis* pour rendre la justice,
et organisa la célèbre infanterie des janissaires
(en turc, *iéni tchéri*, troupe nouvelle). Ce corps,
qui fut complété par Amurath Ier, fils et successeur d'Orkhan, s'éleva bientôt à 40,000 hommes.
Il se composait principalement de jeunes chrétiens
enlevés par les musulmans, élevés dans les camps,
ne connaissant pas d'autre patrie et entièrement
dévoués à la puissance ottomane. Le chaudron était
le meuble sacré autour duquel les janissaires déli-
béraient; c'était en même temps le symbole de
leur fidélité au souverain. *Renverser les chau-*

drons était le premier signal de la révolte. J'insiste sur cette étrange milice, dont l'organisation a été une des principales causes de la puissance ottomane. Vers la fin du règne d'Orkhan, qui avait pris le titre de grand sultan, les Osmanlis franchirent le détroit des Dardanelles et s'emparèrent de Gallipoli. Ils eurent dès lors un pied en Europe.

Amurath Ier ou Mourad Ier (1360-1389), fils et successeur d'Orkhan, étendit considérablement la puissance des Osmanlis en Europe et en Asie. Dès le commencement de son règne, il s'empara d'Andrinople (1361), dont il fit la capitale de son empire (1365). La Thrace entière, que les Ottomans ont nommée Roumilie ou Romélie (pays des Romains), tomba la même année en leur pouvoir. Les Byzantins, qui avaient vainement tenté de leur résister, furent vaincus sur les bords de la Maritza (Hèbre), et réduits à la possession de la seule ville de Constantinople dans cette partie de l'Europe. Les Ottomans pénétrèrent ensuite en Serbie, s'emparèrent de la plus grande partie de cette province, aussi bien que de Sofia en Bulgarie. Du côté de l'Asie, les contrées montagneuses de la Cappadoce, de l'Isaurie et de la Lycaonie avaient réussi à maintenir leur indépendance ; elles furent soumises par Amurath, ainsi que l'Arménie. Vers la fin de son règne, Amurath eut de nouveau à combattre la Serbie et la Bulgarie, qui s'étaient soulevées contre sa domination ; il en triompha, mais il périt assassiné par un Serbe, en 1389.

Son fils Bajazid ou Bajazet Ier (1389-1403), surnommé *Il Derim* ou l'Éclair, à cause de la rapidité de ses conquêtes, acheva la soumission de la Serbie et de la Bulgarie, imposa un tribut à l'empire de Constantinople, franchit le Danube, envahit la Moldavie et menaça la Hongrie slave (nord et sud), annonçant que bientôt il serait maître de l'Italie et ferait manger son cheval sur l'autel de Saint-Pierre, à Rome. La terreur fut générale en Europe : on prêcha une croisade pour l'arrêter. Un grand nombre de chevaliers français, parmi lesquels se trouvait Jean de Nevers (plus tard Jean Sans-Peur, duc de Bourgogne), vinrent se joindre aux Hongrois slaves pour combattre les Turcs. La bataille se livra en Bulgarie, dans les plaines de Nicopolis (1396). Sigismond, roi de Hongrie et de Bohême, voulait que ses troupes, habituées à combattre les Osmanlis, fussent placées au premier rang. Mais les croisés, qui regardaient ce poste comme le plus honorable, refusèrent de leur céder. Ils se précipitèrent, avec l'impétuosité qui leur avait été si souvent fatale, sur l'armée ottomane rangée en croissant. Les Osmanlis les laissèrent s'engager au milieu d'eux : ce que fait, ils replièrent leurs ailes et l'enveloppèrent l'armée chrétienne, faisant ainsi prisonniers Sigismond et tous les chevaliers français. La mêlée, malgré cela, fut effroyable. Ce qui est certain, c'est que les croisés se défendirent avec une telle valeur, que les Osmanlis perdirent 60,000 hommes dans cette affaire, et que Bajazet, renonçant dès lors à ses projets de conquête en Europe, se jeta sur l'empire grec, qui n'opposait qu'une faible résistance. La Thessalie fut ravagée, les Thermopyles franchies, la Phocide et le Péloponèse dévastés; 30,000 Grecs, réduits en esclavage, furent enlevés de leur pays et transportés en Asie, pendant que des colons tartares venaient chez eux repeupler les contrées privées par l'envahisseur de leurs habitants. L'empereur Manuel Paléologue, hors d'état de résister au conquérant turc, et craignant que les Osmanlis ne vinssent attaquer sa capitale, quitta celle-ci pour aller implorer l'appui des princes de l'Europe. Il s'adressa successivement à l'Angleterre, à la France et à Venise; mais il n'en obtint que quelques secours d'argent (1400-1402). Le salut de l'empire byzantin vint des Mongols. Tamerlan, déjà maître de la plus grande partie de l'Asie, fut appelé contre les Osmanlis par quelques émirs que Bajazet avait dépouillés. Les Mongols et les Osmanlis se trouvèrent en présence dans les plaines d'Angora (1402). Bajazet fut vaincu, fait prisonnier, et, si l'on en croit une tradition douteuse, traîné dans une cage de fer à la suite de l'armée mongole. Ce qu'il y a de sûr, c'est qu'il fut réduit à une dure captivité et mourut en 1403.

Le premier acte de la puissance de Bajazet, en apportant au pouvoir une volonté de fer, une indomptable fierté, une rare activité d'esprit, une justice farouche et impitoyable, une ambition ardente, avait été de faire mettre à mort son jeune frère, Yacoub Chélébi, dont la valeur brillante lui paraissait, sur la seconde marche du trône, un danger plutôt qu'un appui : exemple, comme on sait, qui ne devait que trop devenir la règle fondamentale de la politique de ses successeurs. A sa mort, l'Empire ottoman, divisé entre ses trois fils, Mahomet, Mouça et Soliman, fut en proie à la guerre civile et parut sur le point de se dissoudre. Enfin, le premier parvint à réunir sous son autorité toutes les provinces conquises par son père, et régna de 1403 à 1421.

Amurath II (1421-1451), fils et successeur de Mahomet Ier, commença son règne par une action d'éclat, en allant, à la tête de 200,000 hommes, mettre le siége devant Constantinople, pour se venger de l'empereur Manuel Paléologue, qui avait suscité des troubles dans ses États ; mais la révolte d'un de ses frères à Brousse le força de lever le

siége. Quelque temps plus tard, Manuel Paléologue étant mort, son successeur, Jean VI Paléologue, acheta la paix en cédant plusieurs provinces aux Osmanlis. Amurath II profita de cet
abandon pour enlever aux Vénitiens (1431) la ville
de Thessalonique, qu'ils avaient achetée du même
empereur, tourna ses armes contre les Slaves de
la Hongrie, et alla assiéger à son tour Belgrade,
une de leurs villes principales à cette époque.
Mais cette ville, défendue par Jean Hunyade,
prince de Transylvanie, brava tous ses efforts, et
il fut forcé de conclure un traité avec les Slaves
hongrois. Cela le fit abdiquer. Il se retira à Ma-
gnésie, en Asie Mineure (1444). Il avait, avant
cette décision, fait proclamer son fils Mahomet II;
mais peu après, il apprit qu'une ligue venait de se
former entre les princes chrétiens contre l'Empire
ottoman. Le cardinal Julien Cesarini, fameux pour
avoir présidé le concile de Bâle, qui condamna les
Hussites, avait engagé les Génois et les Vénitiens
à réunir une flotte pour attaquer les Osmanlis. Il
entraîna dans la coälition Wladislas, roi de Pologne, de Hongrie et de Bohême. Le pape Eugène IV approuva l'expédition, et Jean Hunyade y
prit part. A l'approche des chrétiens, les janissaires implorèrent Amurath II de sortir de sa retraite. Il consentit à reprendre leur commandement, et, en 1444, livra aux croisés la bataille de

Varna. Sa victoire fut complète; le roi de Pologne et le cardinal Julien restèrent sur le champ de bataille. Amurath II abdiqua de nouveau après cette victoire et retourna dans sa solitude; mais de nouveaux dangers le forcèrent encore de combattre et de vaincre. Georges Castriot, plus connu sous le nom de *Scander-beg* (seigneur Alexandre), fut son principal adversaire. Fils d'un despote ou souverain de l'Épire (Albanie), dont les États étaient tombés en son pouvoir après le désastre de Varna, Scanderbeg lui avait été livré en otage par son père. Il l'avait fait élever dans la religion musulmane, et, frappé de son courage, lui avait confié le commandement d'un corps d'armée turc. Mais l'otage, fils d'un souverain, voulait reconquérir la liberté et la souveraineté; il se saisit du grand-vizir d'Amurath II, et, lui appuyant un poignard sur la poitrine, le força de signer un firman ou ordre de lui livrer Croya, une des principales villes de l'Épire. A la tête de quelques compagnons dévoués, Scanderbeg s'empara de Croya et d'autres places fortes de l'empire grec tombées au pouvoir des Osmanlis. Jean VI Paléologue venait de mourir, dévoré de honte et de chagrin (1448). Ce fut surtout pour combattre Scanderbeg qu'Amurath II ressortit de sa retraite (1449); il envahit l'Épire à la tête de 60,000 hommes; mais ses conquêtes se réduisirent à quelques places sans importance. Après avoir perdu une grande partie de son armée devant Croya, Amurath II fut contraint d'en lever le siége (1450). Peu de temps après, il mourut à Andrinople (1451), laissant l'empire à Mahomet II, son fils.

Celui-ci était âgé de vingt-deux ans quand il succéda définitivement à Amurath II. Il parlait le persan, le grec, l'arabe; il entendait le latin; il était versé dans les arts et savait ce qu'on pouvait savoir alors de géographie et de mathématiques; il aimait la peinture et fit venir de Venise le célèbre Gentili Bellino, qu'il récompensa, comme Alexandre avait payé Apelles, François Ier devait payer le Titien, par des dons et par sa familiarité. Il lui fit présent d'une couronne d'or, d'un collier d'or, de 3,000 ducats d'or, et le renvoya avec honneur. Malgré cela, Mahomet II conservait toujours des mœurs de Tartare, — de bachi-bozouck. On raconte qu'il fit couper la tête à un esclave, pour montrer à Bellino le jeu des muscles sur un cou séparé du tronc. Il résolut, dès le début de son règne, de porter les derniers coups à l'empire grec. Les Byzantins, à la veille de leur ruine, étaient tous occupés de disputes théologiques. Une partie du peuple voulait la réconciliation avec l'Église latine; l'autre maudissait la réunion des deux Églises. On ergotait, et déjà les Osmanlis étaient aux portes de Constantinople que Mahomet II investit par terre et par mer. Mais comme le port de cette ville était fermé par de fortes chaînes, il eut recours, pour s'en emparer, à un stratagème étrange. Il fit en une nuit couvrir une demi-lieue de chemin sur terre de planches de sapin enduites de suif et de graisse; il y fit tirer, à force de machines et de bras, 80 galères et 70 navires. Tout ce grand travail s'exécuta en une seule nuit, et les assiégés furent étonnés le lendemain matin de voir une flotte entière descendre de la terre dans le port. Un pont de bateaux fut construit dans le jour même et servit à l'établissement d'une batterie de canons [1].

Canstantin XII Dragosès, successeur de Jean VI Paléologue, n'avait pu réunir dans Constantinople, cette ville si peuplée, qu'un petit nombre de défenseurs. Il implora vainement le secours des princes de l'Occident. L'empereur Frédéric III n'était ni assez puissant ni assez entreprenant. La Pologne était trop mal gouvernée. La France sortait à peine de l'abîme où la guerre civile et les luttes contre les Anglais l'avaient plongée. L'Angleterre commençait à être divisée et faible. Le duc de Bourgogne, Philippe le Bon, était un puissant seigneur,

1. Les plus gros qu'on ait jamais fabriqués, où deux hommes peuvent coucher à l'aise, et que l'on voit encore aujourd'hui ensablés à l'entrée du détroit des Dardanelles.

mais déjà vieux. Les princes italiens étaient en
guerre entre eux. L'Aragon et la Castille n'étaient
point encore unis, et les Maures occupaient toujours une partie du territoire de l'Espagne. Les
deux champions de la chrétienté étaient Jean Hunyade et Scanderbeg ; mais le premier pouvait à
peine défendre la Hongrie slave, et le second ne
pouvait que se soutenir dans les montagnes de
l'Épire, à peu près comme autrefois Pélage dans
celles des Asturies, quand les Maures subjuguèrent
l'Espagne. Quatre vaisseaux de Gênes, dont l'un
appartenait à l'empereur Frédéric III; furent
presque le seul secours que le monde chrétien
fournit à Constantinople. Un étranger, le Génois
Guistiniani, commandait une partie de l'armée
employée à la défense des remparts. Dans ces
circonstances, Constantin XII Dragosès ne faillit
pas à son devoir. Il réunit dans l'Église de Sainte
Sophie les derniers défenseurs de Constantinople
et après avoir communié avec eux, il les exhorta
à verser leur sang pour leur patrie et leur religion.
Lui-même combattit avec courage, et périt vaillamment sur la brèche ; son corps était tellement
défiguré qu'on ne le reconnut qu'aux aigles d'or
brodées sur ses brodequins de pourpre. Mahomet II
lui fit rendre pompeusement les honneurs de la
sépulture. Constantinople fut prise le 29 mai 1453.
Le siége avait duré 52 jours, depuis le 6 avril. Le

vainqueur, en entrant dans cette ville dévastée et
en voyant partout les traces du pillage et de la
désolation, ne put se défendre d'un triste retour
sur la fragilité des choses humaines, et répéta ces
vers d'un poëte persan dont voici le sens : « L'arai-
gnée a filé sa toile dans le palais impérial, et la
chouette a chanté sur les tours son chant de deuil. »
L'établissement définitif des Turcs sur le continent
européen ne devait pas tarder à y exercer une
grande influence, influence qui se fit remarquer
surtout au XVIe siècle, époque où la France, on
sait, parut pour la première fois comme l'alliée
des sultans.

Un écrivain du XVe siècle, auquel sa haute position permettait d'embrasser l'Europe entière, et
qui avait assez d'intelligence pour en bien apprécier la situation, Æneas Sylvius Piccolomini, qui
devint pape sous le nom de Pie II, a décrit de la
manière suivante l'état politique de l'Europe vers
l'époque de la prise de Constantinople par les
Turcs :

« La chrétienté est un corps sans tête, une
république qui n'a ni lois ni magistrats. Le pape
et l'empereur ont l'éclat que donnent les grandes
dignités ; ce sont des fantômes éblouissants ; mais
ils sont hors d'état de commander, et personne ne
veut obéir. Chaque pays est gouverné par un sou-

verain particulier, et chaque prince a des intérêts séparés. Quelle éloquence pourrait parvenir à réunir sous le même drapeau un si grand nombre de puissances divisées de mœurs, et souvent ennemies les unes des autres? Lors même que l'on pourrait rassembler leurs troupes, qui saurait faire les fonctions de général? Quel ordre établira-t-on dans cette armée? Qui nourrira cette multitude? Qui comprendra tant d'idiomes différents? Quel homme parviendra à réconcilier les Anglais et les Français, Gênes et l'Aragon, l'Allemagne, la Bohême et la Hongrie? Gênes s'armera-t-elle contre les Turcs, dont elle est tributaire? Venise est l'alliée des musulmans. Les Espagnols ont leur guerre sainte contre Grenade. Le roi de France appréhende à chaque instant une nouvelle descente des Anglais, et ceux-ci ne songent qu'à se venger de leurs désastres. Le Danemarck, la Suède et la Norwége, pays reculés aux dernières limites du monde, n'ont aucun intérêt qui les attire en Asie. L'Allemagne est remplie de divisions : les princes y sont en guerre avec l'Empereur et sont loin d'être unis entre eux. »

Or, ces divisions de l'Europe la réduisaient à l'impuissance, au moment où Constantinople tombait au pouvoir des Osmanlis.

Æneas Sylvius Piccolomini, nourri de l'antiquité classique, avait éprouvé une amère douleur

la nouvelle de la prise de cette ville par Mahomet II. Il écrivait à cette époque même au pape
Nicolas V :

« La main me tremble en traçant ces lignes.
L'indignation ne me permet pas de me taire, ni
la douleur de parler. Il est honteux de vivre encore ! L'Italie, l'Allemagne, la France et l'Espagne
ont dans l'état le plus florissant, et voilà, ô honte !
que nous laissons prendre Constantinople par les
Turcs. »

Il pressait Nicolas V de se mettre à la tête d'une
croisade :

« C'est au Saint-Siége, lui écrivait-il, à songer
aux moyens de détourner un si grand danger;
c'est à lui d'avertir les princes et les peuples, de
les presser de ne rien omettre pour le salut de la
chrétienté. »

Le pape l'écouta et s'efforça de réunir tous les
Italiens dans une même pensée pour la défense de
l'Europe. Nicolas V fit conclure, en 1454, la paix
de Lodi entre les États d'Italie, et prêcha la croisade; mais il mourut avant que les princes de
l'Europe répondissent à son appel. Calixte III, son
successeur (1454-1456), ne fut pas plus heureux.
Il était réservé à Pie II (1458-1464) de tenter les
derniers efforts pour armer la croix contre le
croissant.

Devenu pape sous ce dernier nom, Æneas

Sylvius Piccolomini s'efforça de ranimer l'ardeur de l'Europe pour les Croisades. Il convoqua un concile à Mantoue (1459) ; mais déjà l'Italie était de nouveau déchirée par la guerre civile. Jean de Calabre, fils de René d'Anjou, disputait le trône de Naples à la maison d'Anjou, et s'emparait, à l'embouchure du Rhône, de vingt-quatre galères qui avaient été préparées pour l'expédition du pape. Charles VII défendit de prêcher la croisade dans ses États. Philippe le Bon, duc de Bourgogne, qui avait juré sur le *faisan* d'aller combattre les infidèles, oublia son serment. L'Allemagne était plus divisée que jamais. Pie II, attristé, résolut de marcher en personne contre les Osmanlis.

« Lorsque les princes chrétiens, disait-il, verront le vicaire de Jésus-Christ, vieux et malade, partant pour la guerre sainte, peut-être auront-ils honte de rester chez eux! »

Il partit, en effet, et arriva à Ancône, en vue des galères vénitiennes qui devaient le transporter en Grèce. Mais la mort (1464) ne lui permit pas de réaliser son projet. Ses dernières paroles furent un encouragement à persévérer :

« Rappelez à mes frères, disait-il au cardinal de Pavie, le devoir de continuer ma sainte entreprise. »

Avec Pie II disparut la pensée d'une croisade ; l'Espagne, l'Italie, la France, l'Angleterre, l'Allemagne retombèrent plus que jamais dans leurs divisions. Quant aux États slaves ou scandinaves, ils étaient en voie d'accroître leur puissance.

La Pologne, à la tête des États slaves en 1453, était limitée au sud-ouest par les duchés de Silésie, au nord par l'ordre Teutonique, et au nord-est par la Lithuanie qui la séparait de la Russie. Elle comprenait le duché de Masovie (cap. Varsovie); la Lithuanie (cap. Wilna), qui était réunie à la Pologne depuis l'avénement des Jagellons, mais qui conservait ses lois et sa constitution indépendantes; la Russie-Blanche ou couverte de neiges (villes principales : Smolensk, Witepsk, Mohilew); la Russie-Noire (cap. Nowgrodeck, qui a vu naître Mickiewicz); la Petite-Russie (villes principales: Tchernigow et Pultawa); la Russie-Rouge (Wolhynie et Gallicie).

Quelques années plus tard, Casimir IV, qui régnait en Pologne à cette époque, enleva à l'ordre Teutonique la Prusse occidentale et la Pomérélie (Dantzick, Elbing, Marienbourg, Kulm, Torn).

Si l'on ajoute que les Jagellons donnèrent des rois à la Bohême et à la Hongrie à la fin du xve siècle, on aura une idée de la vaste puissance de la Pologne.

La Russie, au contraire, n'était pas même considérée comme un État européen. Asservie aux

Tartares de la Horde d'Or, elle avait pour duc, en 1453, Wasili III, au nom duquel ne se rattache aucun souvenir important.

Comme j'ai également dû le dire, je crois, on rattachait déjà à la même époque aux États slaves la Bohême, la Hongrie (*nord* et *sud*), l'Esclavonie, la Serbie et autres provinces danubiennes.

La Bohême avait pour capitale Prague, sur la Moldau ; elle était toujours animée de cette haine contre l'Allemagne qui avait éclaté dans la guerre des Hussites, et quoiqu'elle eût reconnu pour roi Ladislas le Posthume, fils de l'autrichien Albert II, le véritable souverain était Georges Podiebrad, chef du parti slave.

La Hongrie *slave*, menacée à la fois par les Ottomans et par les Magyars, par la Hongrie *centrale*, commença à jouer un grand rôle à cette époque. Bornée au nord par les monts Karpathes, au sud par l'Adriatique, la Save et le Danube, à l'ouest par l'Autriche, à l'est par la Valachie, la Moldavie et la Transylvanie, elle avait pour capitale Stull-Wissembourg ou Albe-Royale, et pour villes principales : Belgrade, glorieusement défendue par Jean Hunyade contre Amurath II ; Presbourg, Budé ou Ofen.

La Moldavie, la Valachie, la Serbie, la Bosnie, la Transylvanie, etc., obéissaient à des souverains

nationaux, appelés *woïvodes* ou *hospodars*, tributaires tantôt de la Hongrie magyare, tantôt des
Ottomans.

Ceux-ci, qui venaient de s'emparer de Constantinople, étaient loin d'avoir achevé la conquête de
la partie européenne de l'empire grec. Ils étaient
maîtres de la partie asiatique, de l'Anatolie ; en
Europe, de la Roumilie (villes principales : Constantinople et Andrinople), de la Bulgarie (villes
principales : Varna, Nicopolis, Silistrie), de Belgrade et d'une partie de la Hongrie slave, de la
Serbie, de la Macédoine et de la Thrace ; mais
l'Épire, qui avait pour chef Scanderbeg, l'Attique,
la Morée et la plupart des îles n'étaient pas encor
soumises.

Une fois maître de Constantinople, Mahomet II
tenta donc d'étendre ses conquêtes dans l'Europe
tremblante et déchirée, et fit une irruption en
Hongrie ; mais les Hongrois slaves s'étant alliés
aux sujets de Jean Hunyade, prince de Transylvanie, les deux armées réunies luttèrent victorieuse-
ment contre les Ottomans, reprirent Belgrade, et
forcèrent le conquérant turc à se retirer, après
avoir laissé 20,000 hommes sur le champ de bataille. D'un autre côté, le valeureux Scanderbeg,
souverain d'Albanie (Épire), résistait avec succès
dans la Macédoine aux Turcs, qui tentèrent ensuite
sans succès le siége de l'île de Rhodes, que défen-

daient vaillamment les chevaliers de Saint-Jean de Jérusalem. Plus heureux dans la partie méridionale de la Grèce, Mahomet II s'empara de la Morée et de la principauté d'Athènes (1456). En 1460, il fit la conquête de l'empire de Trébizonde. La mort de Scanderbeg le rendit maître de l'Épire (1465), et bientôt après de l'île de Négrepont et de l'île de Lemnos (1466). En 1470, il subjugua la Bosnie, et en 1475, il rendit le khan des Tartares de Crimée son vassal. Après une seconde et infructueuse tentative contre Rhodes, qui résista à trois mois de siége (1480), il marcha contre la Perse, et il se préparait à faire subir à Rome le même sort qu'à Constantinople, lorsque la mort le surprit à son tour.

Mahomet II, vainqueur de Byzance, avait étonné cette ville par sa modération; il avait partagé avec les anciens habitants les lieux consacrés au culte, laissé aux Grecs la liberté de choisir et d'élire un patriarche, qu'il installa avec solennité. La Grèce fut partagée, suivant la coutume des Turcs, en différentes provinces, qui devinrent des fiefs militaires, mais amovibles. Il laissa au peuple sa religion, ses lois, et ne lui imposa qu'un léger tribut.

VIII

Lés Turcs depuis Mahomet II jusqu'à la mort de Soliman II.
1481-1566.

Bajazet II (1481-1512), prince faible et peu digne de son père, porté sur le trône au préjudice de Zizim par une révolution heureuse, fit quelques tentatives d'envahissement en Europe, qui n'amenèrent aucun résultat sérieux. Après trente-deux ans d'un règne sans gloire, une révolte des janissaires le força d'abdiquer le pouvoir en faveur de son fils Sélim, par les ordres duquel il fut empoisonné.

Sélim Ier (1512-1520), comme Bajazet Ier, commença son règne par faire assassiner ses frères Achmet et Kourchid. Après avoir repoussé les Persans jusqu'au Tigris, soumis la Syrie, la Palestine et la Mésopotamie, les Mamelucks d'Égypte ayant essayé de lui résister, il les défit dans deux batailles rangées, se rendit maître du Caire, de Damiette, d'Alexandrie et de tout le reste de l'Égypte, qu'il réduisit en province (1516-1517).

La Mecque reconnut aussi son pouvoir. Il revenait
à Constantinople pour se préparer à de nouvelles
conquêtes, lorsqu'il mourut de la peste sur la route
l'Andrinople, au lieu même où il avait fait empoi-
onner son père.

Soliman II, dit le *Grand, le Magnifique* (1520-
566), sous le règne duquel la puissance ottomane
rriva à son apogée, en montant sur le trône, à la
aort de Sélim Ier, fit périr Gazeli-Beg, gouverneur
le Damas, qui voulait s'ériger en souverain.

Il préludait ainsi aux conquêtes qui devaient
llustrer son règne.

Sa première conquête fut la prise de Peterwa-
adin, ainsi que de Belgrade, devant laquelle
Amurath II et Mahomet II avaient échoué. Cette
onquête (1521) lui ouvrait le nord et le sud de la
Iongrie et lui livrait une partie de la Moldavie;
ine seconde assura la meme année aux Osmanlis
'empire de la Méditerranée.

Rhodes avait été l'écueil de Mahomet II. Les
hevaliers de Rhodes avaient résisté, en 1480, aux
ttaques des Turcs; mais alors ils étaient unis dans
ne seule pensée, le salut de la chrétienté. La
iscorde, née de l'ambition, livra Rhodes aux
)smanlis. Le chancelier de l'ordre, Damiral, irrité
e la nomination de Villiers de l'Ile-Adam à la
ignité de grand maître que lui-même avait
riguée, faisait passer des avis secrets aux Os-

manlis. Malgré cette trahison qui fut découverte
et entraîna la mort de Damiral, 6,000 chevaliers
résistèrent longtemps à 140,000 Osmanlis. Soliman II vint lui-même presser le siége. Enfin
Villiers de l'Ile-Adam, abandonné des habitants
de Rhodes qui le menaçaient de traiter avec les
Turcs, et voyant qu'il ne restait plus des fortifications de l'île que des mouceaux de pierres et de
cendres, conclut avec les Osmanlis une honorable
capitulation. Lorsque le grand maître sortit de la
place, le vainqueur l'accueillit avec affabilité et
dit à son grand-vizir : « Ce n'est pas sans peine
que j'oblige ce chrétien, à son âge, de sortir de sa
maison. » En 1529, Charles-Quint accorda aux
chevaliers fugitifs l'île de Malte, d'où leur ordre a
pris son troisième nom.

Après la prise de Rhodes, Soliman II ne laissa pas
les janissaires dans le repos. Il savait qu'il fallait
à leur ardeur des guerres ou étrangères ou civiles;
pour prévenir ces dernières, il envahit de nouveau
le nord et le sud de la Hongrie en 1526. C'était
une véritable guerre de religion. Aussi les soutanes
étaient-elles en grand nombre dans l'armée chrétienne; en tête étaient portés l'étendard de la Vierge
et la sainte couronne du royaume de Hongrie [1], et

1. Cette couronne, à laquelle les Magyars attachent une

la cavalerie hongroise slave était animée du même enthousiasme que sous Jean Hunyade et Mathias Corvin. Mais tout fut inutile : plus de 18,000 Hongrois restèrent sur le champ de bataille avec leur roi Louis II. La dévastation d'une partie de la Hongrie slave fut la suite de cette sanglante défaite. Soliman II ne poussa pas à cette époque ses conquêtes au delà de Bude. Après son départ, la Hongrie fut livrée à des querelles intestines provoquées par la rivalité de Ferdinand d'Autriche et de Jean Zapoly, chef du parti magyar. Soliman II se déclara pour ce dernier et envahit l'Autriche. Il était d'ailleurs appelé par François 1er qui, depuis 1527, négociait avec lui, et ne craignit pas de s'allier avec les Turcs pour affaiblir Charles-Quint par cette diversion.

Une innombrable armée d'Ottomans vint mettre le siége devant Vienne (1529) ; mais comme Soli-

influence superstitieuse, dont la partie supérieure est formée par celle dont le pape Sylvestre II fit présent au roi Geysa Ier, père de saint Etienne, tandis que la partie inférieure forme celle qu'envoya, vers le même temps, au même l'empereur Manuel Ducas, qui a été enlevée de Bude par Soliman II, puis rendue par lui auxdits Magyars, ses alliés, ensuite devenue apanage de l'Autriche-Hongrie, s'était perdue lors du départ en 1849 du gouvernement insurrectionnel hongrois pour la Turquie. Elle a été retrouvée, en 1853, avec le manteau de saint Etienne et les autres insignes du couronnement, dans une caisse enfouie près d'Orsowa ; transportée à Vienne, elle fait de nouveau partie des joyaux de la maison de Hapsbourg.

man II avait été longtemps arrêté par les eaux
débordées du Danube, Ferdinand avait jeté dans
sa capitale une garnison de 27,000 Autrichiens.
Charles-Quint, son frère, qui lui avait fourni
d'excellentes troupes espagnoles, accourut lui-
même, à la tête de 100,000 hommes, pour protéger
l'Allemagne menacée par les Turcs. Le danger
commun avait calmé un instant les passions religieuses et réuni, pour la défense de la patrie,
protestants et catholiques. Soliman II échoua
devant cette force imposante. Après vingt jours
de siége et autant d'assauts, ayant perdu 40,000
hommes, il s'éloigna de Vienne et regagna la Hongrie en toute hâte.

C'est à ce moment surtout, comme on sait, que
Charles-Quint devient glorieux. On le voit à la
fois combattre les Ottomans, retenir les Français
au delà des Alpes, jeter les bases d'un concile et
revoler en Espagne pour aller faire la guerre en
Afrique.

Pendant que Soliman II et son amiral Khair-
Eddin Barberousse organisaient les États barbaresques d'Alger, Tunis et Tripoli, et faisaient la
traite des blancs sur les côtes d'Espagne et d'Italie,
Charles-Quint se montrait partout le défenseur de
la chrétienté. Il donnait, ainsi que j'ai dit plus
haut, aux chevaliers de Rhodes fugitifs un poste
fortifié au milieu de la Méditerranée, le rocher de

Malte; puis il abordait à Tunis (1534), y remportait une victoire sur Barberousse, donnait à ce royaume un roi tributaire de l'Espagne, et délivrait 18,000 captifs chrétiens qu'il ramenait en triomphe en Europe. Son bonheur voulut encore que Soliman II fût alors occupé d'une guerre contre les Persans auxquels il avait enlevé Van et Tauris en Géorgie, qui était entré en conquérant dans Bagdad et s'était rendu maître de la Mésopotamie, du Kurdistan, de l'Irak-Arabi et du Diarbékir (territoire voisin des sources du Tigris). Après avoir pris la moitié de la Perse à Thamas, fils d'Ismaïl-Sophi, Soliman II retournait triomphant à Constantinople (1535); mais ses conquêtes dans ces contrées ne furent pas durables; ses généraux perdirent en Perse presque toutes les villes qu'il avait prises : tout cela à la suite des menées de Charles-Quint, qui s'était allié avec les Persans contre les Ottomans, comme François Ier avec les Turcs contre les impériaux.

Ainsi, l'on voit, la querelle de la France et de l'Allemagne ébranlait à la fois, à cette époque, l'Asie et l'Europe. Cette dernière n'avait point senti de plus violentes secousses depuis la chute de l'empire romain, et nul empereur depuis Charlemagne n'avait eu autant d'éclat que Charles-Quint.

Partout celui-ci et François Ier étaient en

présence. Le roi de France s'était joint aux coalisés de Smalcalde (1531) pour empêcher l'empereur de rétablir en Allemagne l'unité religieuse, et lorsque Charles-Quint était allé combattre les États barbaresques, François Ier avait resserré son alliance avec Soliman II. Enfin, sous prétexte de venger le meurtre d'un de ses envoyés, nommé Merveille, et de reconquérir le duché de Milan sur lequel il avait toujours eu des prétentions, notre *Roi s'amuse* avait renouvelé les guerres d'Italie (1534-1537).

Durant toute cette lutte, l'Angleterre n'avait cessé de changer de parti. Ainsi, en 1520, lorsque le roi de France, maître du Milanais et illustré par la victoire de Marignan, semblait plus redoutable que l'empereur d'Allemagne, Henri VIII s'était allié avec Charles-Quint contre François Ier. Il espérait, en agissant de la sorte, de reconquérir une partie des provinces que ses ancêtres avaient possédées en France ; mais lorsqu'il eut échoué dans ses vues à cet égard, et que Charles-Quint eut pris une supériorité décisive par la victoire de Pavie (1525) et le traité de Madrid (1526), Henri VIII s'était rapproché de François Ier. Il avait accédé à la ligue de Cognac (1527), et promis d'attaquer les Pays-Bas, pendant que la France envahirait l'Italie.

Outre l'intérêt général de l'équilibre européen,

Henri VIII était animé à ce moment par un motif particulier contre l'empereur d'Allemagne. Il voulait faire rompre son mariage avec Catherine d'Aragon, tante de Charles-Quint, et il savait que l'influence de l'empereur d'Allemagne auprès du pape serait le plus puissant obstacle à ses projets; mais en 1540, le mariage de Jacques V d'Écosse avec Marie de Guise le rejeta vers l'Autriche; il fit une descente sur les côtes de France, pendant que la flotte de François Ier unie à celle de Soliman II attaquait l'Italie.

De son côté, l'empereur d'Allemagne avait réuni une flotte considérable dans l'île de Sardaigne, et avait appelé les chevaliers de Malte à la guerre sainte, guerre dont le but était alors de |détruire Alger, un des principaux foyers de la piraterie musulmane. Vainement André Doria, auquel sa grande réputation et une intrépidité souvent éprouvée donnaient le droit de parler avec liberté, combattit le projet de Charles-Quint et lui représenta que la saison était trop avancée (octobre 1541) pour une pareille entreprise. L'ennemi de Soliman II et de François Ier, dont l'intrépidité croissait avec l'âge, lui répondit en riant : « Vingt-deux ans d'empire pour moi, et soixante-douze de vie pour vous, nous doivent suffire à tous deux pour mourir contents. » Rien ne put fléchir sa résolution, et peu de temps après il partit à la tête

de 60 galères et d'autant de navires de transport.
Son armée était de 20,000 hommes de pied et de
6,000 chevaux.

Charles-Quint, pour prévenir les rivalités nationales dans cette armée, l'avait divisée en trois
corps, dont l'un comprenait les Allemands et les
troupes des Pays-Bas, le second les Espagnols,
et le troisième les Italiens avec les chevaliers de
Malte. La ville d'Alger, enveloppée par cette
masse d'Italiens, d'Espagnols et d'Allemands, op-
posa un vigoureuse résistance. Elle était com-
mandée par un lieutenant de Barberousse, et avait
pour défenseurs 7,000 musulmans ou renégats,
tous gens de sac et de corde, résolus à se faire
tuer jusqu'au dernier pour sa défense. Un grand
nombre d'Arabes rôdaient dans la campagne et
harcelaient par leurs escarmouches les assiégeants.
Des pluies glaciales et des tempêtes furieuses
ajoutèrent encore aux difficultés du siége. Une
partie de la flotte fut brisée. Dès lors l'armée
chrétienne, privée de munitions et de vivres, ex-
posée aux intempéries d'un climat meurtrier, ne
fit que dépérir. Vainement les chevaliers de Malte
avaient fait des prodiges de valeur ; il fallut lever
le siége. Charles-Quint gagna avec peine le port
de Bougie, qui appartenait aux Espagnols, et de là
il revint en Espagne deux mois environ après son
départ pour l'Afrique.

Pendant ce temps, Soliman II avait de nouveau envahi la Hongrie et taillé en pièces 15,000 Autrichiens devant Bude (novembre 1541). Sa flotte s'était jointe à celle de François Ier pour ravager les côtes d'Italie (1542), et l'on avait vu, au grand scandale de la chrétienté, les fleurs de lis et le croissant unis devant Nice. Les Français et les Turcs ne purent prendre cette ville, et Barberousse ramena la flotte ottomane à Toulon, dès qu'André Doria s'avança avec ses galères à son secours.

Soliman II abandonna un moment l'empire d'Almagne pour faire à son tour la guerre à la république de Venise. Les hostilités, poussées de chaque côté avec des chances égales sur terre et sur mer, amenèrent, après une lutte longue et sanglante, un traité par lequel la sérénissime république céda aux Turcs la plupart de ses possessions en Moldavie et en Dalmatie. Dans le cours de ses expéditions heureuses, ne voulant pas déroger à la règle fondamentale de la politique des sultans donnée par Bajazet Ier et déjà observée par ses deux prédécesseurs en pareille circonstance, Soliman II fit mettre à mort ses cinq fils qui s'étaient révoltés contre lui. Jaloux d'illustrer la fin de sa carrière par un exploit mémorable, il entreprit de s'emparer de Malte comme il s'était emparé de Rhodes; mais les protégés de Charles-Quint soutinrent avec

un grand courage, contre ses corsaires, un siége
de quatre années, qu'il fut obligé de lever, après
avoir perdu la moitié de ses forces. Pour effacer
ce revers, Soliman II entra encore une fois en
Hongrie, où enfin il mourut d'apoplexie en faisant
le siége de Dzigeth, dont l'héroïque défense par
Zrinyi demeurera à jamais célèbre (1566).

Dans l'espace de 278 ans (1288-1566), dix sultans, presque tous courageux et belliqueux, venaient successivement d'accroître la puissance
des Turcs par une suite à peu près non interrom-
pue de victoires. Mais la force intérieure de leur
empire devait rester stationnaire. Par ses codes,
Soliman II compléta bien l'œuvre politique et gouvernementale de Mahomet II; ce fut lui également
qui, en 1538, réunit la dignité spirituelle du califat à la puissance temporelle dont sa dynastie
était déjà investie. Mais, comme Osmanli et
comme musulman, à l'instar de l'Autriche, il ne
sut point fusionner les peuples vaincus pour en
faire un seul et même corps de nation. Ce fut lui
qui relégua ses successeurs dans le sérail, où ils
s'énervèrent moralement et intellectuellement de
jour en jour. A partir de lui, les sultans dégéné-
rèrent, et la puissance de la Sublime-Porte, qui
dépendait du caractère personnel du souverain,
alla toujours en s'affaiblissant davantage.

Parmi les sultans qui ont régné depuis la mort de Soliman II jusqu'à nos jours, il y en a peu qui aient été doués d'énergie et de talent, et bien moins encore de courage militaire. C'est en sortant d'une quasi-captivité qu'ils montèrent sur le trône, et vint bientôt le moment où souvent ils échangèrent celui-ci contre une nouvelle prison, lorsqu'ils ne succombèrent pas de mort violente. Un petit nombre de sadrazams, de grands-vizirs, tels que les Kœprili et les Kara-Mustapha, arrêtèrent seuls l'empire ottoman penchant vers sa ruine; mais à l'intérieur gouvernés et gouvernants, en proie au despotisme le plus sanguinaire, tombèrent de plus en plus dans la dégradation et la barbarie.

A l'extérieur, la Sublime-Porte devint le jouet des puissances européennes; et tandis que celles-ci faisaient constamment des progrès en moralité, de même que dans tous les arts de la paix et de la guerre, les Turcs, méprisant tout ce qui était étranger, restaient par une stupide insouciance invariablement attachés à leurs usages surannés. Sans avoir de plan arrêté, excités seulement par leur fanatisme religieux et un barbare esprit de conquête, ils continuèrent à guerroyer contre leurs voisins, mais le plus souvent à leurs dépens.

Les révoltes incessantes des janissaires et des pachas étaient à l'intérieur un danger bien autre-

ment grand. De cet état de choses naquit un système de lâche défiance, d'intrigues despotiques et
d'atrocités sans nom, dont les premières victimes
furent les propres parents du souverain, lequel sacrifia le plus souvent à ses terreurs les hommes
les plus capables de la nation. D'ordinaire, comme
on a déjà vu et l'on verra plus loin encore, le sultan qui montait sur le trône commençait par faire
égorger ses frères et les femmes laissées *enceintes*
par son prédécesseur.

Triste, de plus en plus triste !...

IX

A Soliman II, sous le règne duquel la puissance ottomane arriva à son apogée, je le répète, succéda, en 1566, Sélim II, son sixième fils, qui, par amour pour le vin de Chypre, enleva, en août 1571, aux Vénitiens cette île, qu'il couvrit de sang et de ruines ; ce qui n'empêcha pas, le 15 octobre suivant, les flottes chrétiennes combinées, commandées par le célèbre don Juan d'Autriche, de lui faire essuyer le terrible désastre de Lépante, qui, pour la première fois, enleva aux armes turques le prestige dont elles avaient jusqu'alors été entourées.

Sélim II, énervé par ses excès, laissa, en 1574, le trône à Amurath III ou Mourad III, son fils, qui, selon la règle établie en cette matière par Bajazet qu'*un ennemi mort sent toujours bon*, commença son règne par faire égorger ses cinq frères, puis abandonna à ses vizirs le soin d'étendre les conquêtes de ses prédécesseurs en Perse, en Géorgie et sur les bords du Danube. Il eut pour successeur son fils Mahomet III, qui, toujours suivant l'exemple donné par Bajazet, monta sur le trône après avoir fait étrangler dix-neuf de ses frères et noyer douze femmes de son père.

Dès la première année de son règne, Mahomet III vit l'Autriche, encouragée par la victoire de Lépante, recommencer la lutte sur les bords du Danube et chasser les Ottomans de leurs places fortes les plus importantes, désastres qui, quand la nouvelle en arriva à Constantinople, semèrent la fureur dans tous les esprits. En effet, dans l'été de 1596, la population et les janissaires forcèrent l'indolent sultan à envahir en personne la Hongrie à la tête d'une puissante armée. Il prit Erlaut d'assaut, après avoir battu près de cette ville l'archiduc Maximilien, généralissime de l'empereur Rodolphe II. Mais la période des conquêtes était à jamais passée pour les Turcs; et Mahomet III en vint même jusqu'à solliciter, sous la médiation de la France, la paix, sans pouvoir l'obtenir. Quatre ans plus tard, en 1603, les Persans s'emparèrent de Tauris et de Bagdad, et exterminèrent les forces turques en Géorgie et en Mésopotamie. Mahomet III mourut au milieu de ces désastres, laissant l'empire ottoman délabré à Achmet Ier, alors âgé de quinze ans, qui régna avec aussi peu de gloire que lui et mourut en 1617.

Achmet Ier laissait sept fils encore en bas âge, de sorte que son frère fut proclamé sultan sous le nom de Mustapha Ier. La vie du sérail avait fait de celui-ci un tel *Mourad V*, un tel idiot, que trois mois après la Sublime-Porte se vit obligée de reléguer de nouveau son souverain dans le sérail et de le remplacer sur le trône par Othman II ou Osman II, fils d'Achmet Ier, alors âgé de douze ans seulement.

Lorsque, ayant atteint quatorze ans, Osman II prit en mains le pouvoir, également son premier soin fut de faire étrangler tous ses frères et noyer les femmes laissées enceintes par son père. Animé de *furia guerrière*, il commença en 1621 contre la Pologne une guerre malheureuse, guerre dont les désastres provoquèrent une révolte des janissaires. Cette redoutable milice intronisa (1622) l'idiot Mustapha, oncle d'Othman II, et égorgea celui-ci.

Alors commença le plus épouvantable règne de la soldatesque. Les atrocités que celle-ci commit furent telles que les principaux dignitaires de l'empire ottoman durent s'entendre pour reléguer encore une fois Mustapha Ier dans le sérail et placer sur le trône Amurath IV ou Mourad IV, frère survivant d'Osman II, à peine âgé de douze ans. Ce jeune et belliqueux sultan prit les rênes du gouvernement à l'âge de quinze ans, et par sa brutalité, de même que par ses cruautés, mérita le surnom de *Néron turc*. Amurath IV recommença, dès 1635, la guerre contre les Persans et les Géorgiens, et prit d'assaut en 1638 Érivan et Bagdad, où il commit les plus effroyables atrocités. Mais il succomba en 1640 des suites de ses excès en tous genres. Le nombre de ceux qu'il fit périr dans les plus horribles supplices fut de 100,000 ; et parmi ces victimes, on compte 14,000 chrétiens, ainsi que nous a appris l'auteur des *Silhouettes orientales*, plusieurs de ses frères et l'idiot Mustapha, son oncle.

Après sa mort, Ibrahim Ier, unique rejeton survivant de la race d'Othman, fut tiré du sérail et lui succéda. Mais il ne jouit pas longtemps du pouvoir ; les janissaires le déposèrent et le firent étrangler en 1648.

La Turquie possédait à cette époque la partie de la Hongrie qui s'étend de la Theiss à la rive gauche du Danube jusqu'à leur jonction ; de plus, le cours de la Drave jusqu'au confluent de la Mur, et presque tout l'espace entre la Save et la Drave jusqu'à ce point.

Au nord, les Turcs possédaient Azoff, qu'ils avaient enlevé aux Cosaques ; la Podolie, province polonaise, les séparait de la Pologne ; la Valachie leur appartenait, ainsi que la Bulgarie, la Serbie,

la Bosnie, une partie de la Dalmatie, de la Moldavie, de la Croatie, l'Herzégovine, l'Albanie, la
Thrace, la Macédoine, la Grèce, les îles de l'Archipel; ils commençaient le siége de l'île de Candie, qu'ils allaient en 1669 enlever aux Vénitiens.
Les possessions des Turcs s'étendaient également
en Asie et en Afrique, et quoique la défaite de Lépante eût préparé la décadence de l'empire ottoman, l'on voit qu'il était cependant encore redoutable au moment où fut signée la paix de Westphalie.

Ibrahim Ier eut pour successeur son fils aîné,
Mahomet IV, dont la jeunesse (il n'avait pas sept
ans) s'écoula au milieu de sanglantes intrigues de
palais. Une grande victoire que les Vénitiens rem-
portèrent sur la flotte ottomane, le 6 juillet 1656,
à l'entrée du détroit des Dardanelles, répandit
l'épouvante dans Constantinople et dans tout l'empire, mais amena en même temps au pouvoir le
premier des grands-vizirs du nom de *Kœprili*.
Celui-ci, après avoir rétabli l'ordre à l'intérieur,
eut pour successeur dans le même poste, en 1661,
son fils *Achmet Kœprili*, homme doué d'autant de
talent et non moins célèbre que son père. Dans la
guerre qu'il eut à soutenir contre l'empereur
Léopold Ier, Achmet Kœprili essuya, il est vrai,
le 1er août 1664, de la part de Montécuculli, le généralissime des troupes autrichiennes, la sanglante

défaite de Saint-Gothard; mais en retour il enleva
en 1669 l'île de Candie aux Vénitiens, après vingt-
deux ans environ d'un siége où les Ottomans
perdirent 200,000 hommes. Ce succès surexcita
l'esprit guerrier des Osmanlis, mais pour accélérer
encore plus le déclin de leur puissance. Achmet
Kœprili intervint après la prise de Candie dans
les démêlés des Cosaques avec les Polonais,
pénétra en Pologne, prit l'Ukraine, la Wolhynie,
la Podolie, força les Polonais à faire la paix avec
les Cosaques et leur imposa un tribut de 20,000
écus (1672). Sobieski ne voulut pas ratifier ce
honteux traité et vengea sa nation l'année suivante par la défaite des Cosaques et des Ottomans.
Achmet Kœprili mourut à quelque temps de là, et
l'incapable Mahomet IV prit alors pour grand-vizir
Kara-Mustapha. Celui-ci ne tarda point, à propos
des démêlés des Cosaques avec les Polonais, à
s'engager contre la Russie dans une guerre qui se
termina par l'expulsion des Ottomans des contrées
situées sur la rive gauche du Danube et ouvrit
aux tzars la mer Noire (1677-1679). A ce nouvel
et persévérant ennemi qui, dès lors, presque sans
cesse victorieux, envahit les provinces de l'empire
ottoman l'une après l'autre, vinrent se joindre des
guerres désastreuses contre les Autrichiens. En
1683 Kara-Mustapha institua roi de la Hongrie
centrale le Magyar Tœkœly, qui se reconnut son

vassal. Cette démarche constituait une violation flagrante du traité de paix conclu avec l'Autriche en 1664. Au lieu de satisfaire aux réclamations de cette puissance, il conçut le plan de franchir le Danube pour pénétrer jusqu'au cœur même de l'Allemagne, de s'emparer de Vienne et de faire de cette ville la capitale d'un nouvel empire turc. En juillet 1683, secondé par les Magyars, il en commença le siége à la tête d'une armée de 200,000 Ottomans ; mais le 12 septembre suivant, son incapacité et sa négligence furent cause que Sobieski, à la tête d'une armée combinée de Saxons, de Polonais, de Bavarois et d'Autrichiens, lui fit éprouver une déroute décisive, déroute qui sauva l'Allemagne d'une invasion turque. Pendant sa retraite à travers la Hongrie magyare, Kara-Mustapha fut encore battu à deux reprises par le roi de Pologne (9 octobre et 11 novembre 1683). Quelques jours plus tard il fut étranglé par ordre de Mahomet IV, à Belgrade, au milieu des débris de son armée, en punition de ces désastres successifs. Les victoires de Sobieski amenèrent la conclusion d'une alliance entre Venise, la Pologne et l'Autriche, en sorte que les Turcs eurent alors à se défendre de trois côtés à la fois : en Dalmatie et dans le Péloponèse, contre les Vénitiens ; en Podolie et en Moldavie, contre les Polonais ; en Hongrie, contre les Autrichiens, tandis que le duc de

Lorraine s'emparait des places fortes de la Hongrie, l'une après l'autre, et même, le 18 août 1686, d'Ofen, devenue, depuis la prise de Belgrade par Soliman II (1521), le principal boulevard des Ottomans, dont il finissait par anéantir l'armée dans l'effroyable bataille livrée un an plus tard à Mohacz (12 août 1687). Le roi de Pologne, disposant de moindres ressources, fut à la vérité moins heureux en Moldavie ; mais Venise et les chevaliers de Malte expulsèrent les Ottomans des îles de l'Archipel et délivrèrent la Morée. En présence de ces désastres, qui semblaient devoir amener la fin de la domination des Turcs en Europe, l'incapable Mahomet IV fut déposé par les janissaires, qui mirent sur le trône à sa place son frère Soliman III (1688).

C'est au moment où les impériaux, commandés par le margrave Louis de Bade, s'avançaient sur le Danube et s'emparaient même de la ville de Belgrade, de sorte que la route de Constantinople leur était désormais ouverte, que Soliman III, non moins incapable que Mahomet IV, choisit pour vizir un autre grand homme de la race des Kœprili, *Mustapha*, qui, par ses talents et son énergie, à l'instar du premier Kœprili, rétablit l'ordre à l'intérieur, mais qui fut, comme l'avait été son fils, Achmet Kœprili, à la bataille de Saint-Gothard en 1664,

complétement battu, le 29 août 1691, à celle de
Salankemem, où périt le margrave de Bade.

Soliman III était mort quelques mois avant ce
désastre, et avait eu pour successeur Achmet II,
son frère, encore plus incapable que lui. La
Hollande et l'Angleterre, qui commençaient à voir
un danger pour elle-mêmes dans les succès obtenus par les armes autrichiennes, cherchèrent alors
à rétablir la paix entre les deux puissances belli-
gérantes. Achmet II mourut pendant les négociations ouvertes à cet effet.

Mustapha II, successeur d'Achmet II et fils de
Mahomet IV, repoussa toutes les ouvertures de
paix et recommença la lutte, cette fois *contre
toutes les puissances de l'Europe*. Les Ottomans
battirent les Vénitiens dans l'Archipel, chassèrent
Pierre le Grand de la Crimée (1695), et envahi-
rent de nouveau le sol hongrois. Mais le prince
Eugène fit essuyer, le 11 septembre 1697, dans la
plaine de Zentha, une déroute si complète et si
décisive à l'armée turque, que Mustapha II n'é-
chappa au désastre qu'au grand péril de sa vie.
Cette victoire amena, en 1699, la conclusion de
l'important traité de Carlowitz, qui commença à
signaler l'entière décadence de la puissance ottomane, et qui impliquait déjà en quelque sorte le
partage de la Turquie. Vienne récupéra par ce
traité la Hongrie et la Transylvanie; Saint-Pé-

tersbourg, le territoire d'Azoff ; Varsovie, la Podolie et l'Ukraine ; et les Vénitiens conservèrent la Morée. Mustapha II fut à son tour déposé en 1703 par les janissaires, qui mirent sur le trône à sa place son frère Achmet III.

Achmet III vit avec une lâche indifférence les luttes intestines auxquelles les puissances européennes étaient en proie. Ce fut lui qui refusa à Charles XII, retiré à Bender, les secours qu'il demandait pour venger le désastre de Pultawa. Pierre le Grand avait obtenu facilement la neutralité de la Turquie à cet égard en lui restituant Azoff. Cependant, Achmet III attaqua avec succès la Morée, qu'il enleva aux Vénitiens en 1715 ; mais par ce triomphe, il provoqua de nouveau l'intervention de l'Autriche, dont l'armée, toujours aux ordres du prince Eugène, battit la sienne à Peterwaradin et à Belgrade. Ces victoires eurent pour résultat en 1718 la paix de Passarowitz, qui coûta encore à la Turquie la citadelle de Belgrade, Temeswar et une partie de la Valachie et de la Serbie. Les armes d'Achmet III ne furent pas moins malheureuses contre la Perse : de sorte qu'il finit par partager le sort de ses prédécesseurs depuis Soliman II. Il fut déposé en 1730 par les janissaires, qui lui donnèrent pour successeur un fils de Mustapha II, Mahmoud Ier.

Mahmoud Ier, qui était un prince instruit et

spirituel, vit les armées turques de nouveau battues en 1736 par les Moscovites, commandés par le célèbre Munnich, tandis que l'Autriche, liguée avec eux, était cette fois moins heureuse dans ses efforts. En 1739, la médiation de la France amena la conclusion de la paix de Belgrade, aux termes de laquelle la Turquie récupérait cette ville et sa citadelle, avec la Serbie et une partie de la Moldavie. Mahmoud Ier mourut en 1754, après avoir construit, comme nous a appris l'auteur d'*Italie et Constantinople,* les réservoirs et les appareils hydrauliques pour conserver et amener l'eau des sources de la campagne du Bosphore dans la ville aux sept collines, et eut pour successeurs son frère Othman III ou Osman III, qui mourut obscurément dès 1757, et Mustapha III, frère d'Achmet III.

C'est sous Mustapha III que la Russie commença à prendre le pas sur la prépondérance de la Turquie en Orient. En effet, quand ce sultan, s'apercevant des développements toujours plus grands que prenait cette puissance, somma Catherine II d'avoir à évacuer la Pologne, les victoires remportées par Rumjanzoff dans la guerre de 1768 à 1774 donnèrent complétement aux tzars la préséance politique sur la Sublime-Porte. Dès cette époque, une flotte russe avait anéanti à Tchesmé la flotte turque, et Alexis Orloff avait appelé les Grecs à l'indépendance (1770). C'est ainsi qu'Achmet IV ou Abdul-Hamid Ier, frère de Mustapha III, et son successeur depuis 1774, finit par se voir obligé de signer, le 21 juillet de ladite année, le traité de Kaïnardji, traité dont la Russie devait par la suite invoquer à maintes reprises les stipulations.

Par ce traité, la Turquie renonçait à ses droits de suzeraineté sur les Tartares de Crimée, du Kouban et de la Bessarabie, et les déclarait politiquement indépendants, tout en se réservant un droit illusoire de protection relativement à leur religion. Les Russes purent ainsi prendre possession successivement d'une foule de places importantes possédées par ces peuples, notamment de Taganrog, de Kertch, d'Azoff, etc., situées aux embouchures du Don, du Dniéper et du Danube, en se réservant de leur côté le droit de libre navigation dans la mer Noire et dans la Méditerranée, de même que celui exclusif de protection sur tous les Grecs habitant l'empire ottoman. La Turquie recouvrait, il est vrai, toute la Valachie et toute la Moldavie, mais devait s'engager à traiter avec justice et humanité les chrétiens de ces deux principautés. Par deux articles secrets, elle s'obligeait en outre à compter à la tzarine quatre millions de ducats pour les frais de la guerre et à rappeler immédiatement sa flotte de l'Archipel. Il ne fut pas dit dans ce fameux traité un mot au sujet de la Pologne, qui cependant avait été la cause de la guerre.

Le traité de Kaïnardji fut considéré déjà à son origine comme un chef-d'œuvre de la diplomatie du colosse du Nord, lequel sut bien également plus tard en exploiter habilement toutes les conséquences. Pour commencer, il incorpora à son territoire la Tauride, déclarée indépendante; mais quoiqu'elle eût formellement confirmé cet acte, l'irritation secrète qu'il causa parmi les Turcs, et qu'augmenta encore le voyage triomphal de Catherine en Crimée, contraignit la Sublime-Porte à déclarer de nouveau, en 1787, la guerre aux Russes. Cette guerre fut si mal dirigée que par la paix conclue à Yassy, en 1792, les Russes ne conservèrent pas seulement la Chersonèse taurique, mais obtinrent encore tout le territoire situé entre le Bug et le Dniester, avec Oczakoff, et s'agrandirent en outre du côté du Caucase. Les Autrichiens, auxquels la Turquie avait abandonné le territoire de Belgrade à Kaïnardji et la Buchowine en 1777, étaient intervenus dans ce conflit en faveur des Russes, mais en résumé avec assez peu de succès; car, menacés par la Prusse, ils s'étaient vus obligés par la paix de Szislowo (1791) de restituer Belgrade à la Turquie.

Vers cette époque, la désorganisation et la confusion allaient toujours en augmentant à l'intérieur de l'empire ottoman, et l'opinion publique considérait dès lors comme impossible qu'il se maintînt en Europe contre la force latente, mais de plus en plus énergique, de la civilisation, et notamment en raison de l'incessant accroissement de forces et de ressources des puissances occidentales. Dès 1770, la Russie avait proposé à l'Autriche le partage de la Turquie : partage dans lequel les Russes s'adjugeaient, il est vrai, la part du lion. Mais les puissances occidentales comprenaient déjà parfaitement que la possession de Constantinople et des principales provinces de la Turquie d'Europe permettrait aux Russes d'exercer une écrasante pression sur l'ouest de l'Europe. Aussi depuis le traité de Kaïnardji n'avait-on jamais vu sans une profonde inquiétude les Russes armer contre leur impuissant voisin ou même seulement le menacer. C'est depuis ce temps que la question d'Orient, *la question de savoir ce qu'il adviendra en définitive de l'empire ottoman*, a été une des constantes préoccupations de la diplomatie. La France et l'Angleterre, surtout, cherchèrent dès lors à appuyer et à conseiller la Turquie, tandis que l'Autriche, conformément à ses intérêts, devait veiller à ce que, en cas d'une crise décisive, les pays riverains du Bas-Danube lui échussent en partage, et non aux Russes.

A Abdul-Hamid Ier ou Achmet IV succéda Sélim III en 1789.

Instruit et spirituel comme Mahmoud Ier, Sélim III voulut opérer déjà les réformes radicales que réclamait l'état de marasme et de délabrement où en était venu l'empire ottoman. Mais il s'y prenait trop tôt ; car, en face de la nationalité et de la tradition turques, encore pleines de vigueur et d'énergie, ces réformes étaient à la fin du XVIIIe siècle bien plus difficiles à exécuter qu'aujourd'hui. D'ailleurs, il semblait impossible de trouver à cette époque d'autre lien commun, pour rattacher encore les diverses parties du colosse aux pieds d'argile les unes aux autres, qu'une foi commune jointe au respect de la puissance des padischahs.

Or, comme on a vu, cette puissance s'était insensiblement affaiblie. Différents walis ou gouverneurs de province eurent l'audace de se rendre complétement indépendants dans leurs eyalets, et ils les administraient comme eussent pu faire les padischahs eux-mêmes. Ainsi, on sait, firent Passwan-Oglou à Widdin, plus tard Yusouf à Bagdad, Ali, le célèbre pacha de Janina, plusieurs pachas en Asie-Mineure, etc.

Quant au commun des Turcs, sauf quelques éruptions de leur barbarie en Asie, ils continuaient à végéter dans leur stupide insouciance.

En revanche, l'aspiration à l'indépendance se manifestait de jour en jour davantage parmi les Grecs, et avec plus d'énergie encore parmi les Slaves.

A toutes ces causes, il faut encore ajouter les événements de la Révolution française, événements dont le résultat fut de rattacher plus intimement la Turquie aux destinées futures de l'Europe.

Dans la guerre soutenue par la coalition de la Sainte-Alliance contre la France, son plus ancien allié, la Turquie, la Turquie de Soliman II, avait d'abord essayé de garder une stricte neutralité. Mais l'expédition de Bonaparte en Égypte l'irrita si profondément, que, le 1er septembre 1798, elle déclara la guerre au Directoire. L'alliance qu'elle contracta avec les Russes en décembre de la même année, avec l'Angleterre et Naples en janvier 1799, la plaça entièrement sous l'influence des cabinets de Londres et de Saint-Pétersbourg. En octobre 1801, l'Égypte passa derechef, il est vrai, des mains de la France à celles de la Turquie, et le nouveau wali qu'elle y envoya, Méhémet-Ali, ne tarda pas à y rétablir son autorité; mais il exista à partir de ce moment deux partis au sein du divan : le parti anglo-russe et le parti français. L'ascendant des Russes enlevait bientôt à la Turquie toute liberté d'action, particulièrement aux îles Ioniennes et en Serbie; aussi se rapprocha-t-elle de nous. Le 20 février 1807, une flotte anglaise franchit de vive force le détroit des Dardanelles et vint mouiller en vue de Constantinople, tandis que le général Sébastiani, notre ambassadeur, réussissait à provoquer la résistance des membres du divan et de la population, et que même il la dirigeait; de telle manière que force fut à la flotte anglaise de s'éloigner en toute hâte des Dardanelles. Cependant la Russie faisait toujours de nouveaux progrès. La population, voyant dans les innovations introduites par le padischah la cause de la triste situation où se trouvait la Turquie, se souleva; et, à la suite d'une révolte des janissaires, Sélim III fut déposé par le cheïk-el-Islam, le 29 mai 1807, et remplacé par Mustapha IV, fils d'Abdul-Hamid Ier ou Achmet IV.

Le nouveau sultan fut obligé de détruire les institutions de son prédécesseur, objet de la haine de la population. Mais la flotte ottomane ayant été complétement battue, le 1er juillet 1807, dans les eaux de l'île de Lemnos par la flotte moscovite, un ami du sultan déposé, Mustapha-Baraïktar, pacha de Routschouk, profita de l'effroi que ce désastre avait jeté dans Constantinople pour s'en emparer. Le malheureux Sélim III avait été égorgé dans sa prison au milieu de ce mouvement (8 juillet 1818). Mustapha-Baraïktar plaça sur le

trône de Mustapha IV, qu'il déposa à sa tour,
Mahmoud II. En sa qualité de grand-vizir de celui-
ci, il rétablit l'organisation de l'armée entreprise
par Sélim III, et conclut une trêve avec les Russes ;
mais la fureur des janissaires éclata de nouveau,
et anéantit, le 16 novembre 1808, lui et son
œuvre.

X

Les Turcs depuis Mahmoud II (1808) jusqu'à nos jours.

Si Mahmoud II resta en possession du trône
après la mort de Mustapha-Baraïktar, c'est que,
depuis celle de Mustapha IV, il était le seul survivant de la race d'Othman. Il fit, aussitôt seul
maître du pouvoir, preuve d'une vigueur et d'une
habileté peu communes, et, dès le 5 janvier 1809,
il concluait la paix avec les Anglais pour pouvoir
continuer la guerre avec les Russes. Mais ceux-ci
réussirent à paralyser notre influence sur le divan,
et à déterminer la Turquie à signer, en 1812, au
moment où la lutte de Napoléon contre eux leur
offrait les chances les plus favorables, la désas-
treuse paix de Bucharest, par laquelle elle leur
cédait une partie de la Moldavie et quelques
districts du Caucase. Les Serbes, abandonnés à
eux-mêmes, étaient replacés sous l'autorité de la
Porte; toutefois, aux termes d'un nouveau traité
qui intervint en 1815 entre eux et la Turquie, ils
conservèrent le droit de se gouverner eux-mêmes.

Depuis la paix de Bucharest, les Russes prirent une attitude de plus en plus menaçante vis-à-vis de la Turquie, tant en Europe qu'en Asie. Leur pavillon domina dans la mer Noire en même temps que leur influence dans le divan, cela au point que Mahmoud II dut leur abandonner en 1817 les embouchures du Danube.

L'insurrection hellénique, en 1821, compliqua encore davantage les rapports des deux États, et porta de nouveaux coups à la puissance agonisante de la Turquie. Celle-ci, voyant bien que les Russes favorisaient en secret les Grecs, non seulement occupa la Valachie et la Moldavie, mais encore apporta des entraves au commerce maritime de la Russie.

C'étaient là des violations flagrantes du traité de Bucharest; et, à la suite d'un échange de notes des plus vives, le général Strognaoff, le représentant du tzar en Turquie, quitta Constantinople. L'intervention de l'Autriche et de l'Angleterre, ainsi que *l'amour de l'empereur Alexandre pour la paix* (tout comme aujourd'hui : déjà le vieux Priam n'a-t-il pas dépeint les... Grecs : *Timeo Danaos et dona ferentes!*), cette triple intervention écarta, il est vrai, de véritables hostilités; mais la Porte n'en continua pas moins de refuser aux Russes les satisfactions qu'ils exigeaient. La Russie finit cependant par arracher à la Turquie tout ce qu'elle en exigeait. On sait en effet que la Porte, obligée d'adhérer, lors des conférences d'Akkermann, aux 82 articles de l'*ultimatum* de l'empereur Nicolas, abandonna à celui-ci ses places fortes de l'Asie, en même temps qu'elle reconnut l'état de choses constitué par les Russes en Valachie, en Serbie et en Moldavie. Les Turcs n'évacuèrent, quoi qu'il en soit, ces principautés qu'au commencement de 1827.

Pendant que ceci se passait en dehors de l'empire ottoman, Mahmoud II avait commencé à entreprendre de sérieuses réformes à Constantinople. Une armée y avait été organisée sur le pied européen, et, à la suite d'une lutte sanglante, le corps redoutable des janissaires avait été complétement décimé par cette nouvelle milice (1826). Mais, revers de la médaille, au régime des janissaires succédait un impitoyable despotisme militaire, qui devait n'épargner pas même les ulémas.

En même temps l'innovateur repoussait orgueilleusement, et pour la dernière fois, au mois de mai 1827, toutes les tentatives de médiation faites par la Russie, la France et l'Angleterre pour mettre un terme à l'insurrection grecque. Quand enfin, après la prise de l'acropole d'Athènes (5 juin 1827), l'est et l'ouest de la Grèce se trouvèrent de nouveau placés sous sa domination, il n'hésita plus à jeter le gant à Saint-Pétersbourg. Mais la guerre qui s'ensuivit ne tarda point à prendre la tournure la plus défavorable pour la Turquie. Dès le 6 août 1829, le généralissime russe Diebitsch était parvenu jusqu'à Kirkilissa, à quatorze myriamètres seulement de Stamboul, et un autre corps russe avait débarqué à Iniada. En Asie, le général Paskewitch prenait d'assaut Erzeroum, et en Europe le sadrazam se voyait bloqué dans Schumla. D'autre part, en Asie comme en Europe, les populations de la Turquie, en proie à toutes les calamités, refusèrent d'obéir au hatt de levée en masse lancé par le padischah. Voire même, les dispositions de l'opinion publique dans Constantinople finirent par devenir menaçantes pour la vie de Mahmoud. C'est dans cette situation que celui-ci se vit forcé d'adhérer au traité de pacification de la Grèce, conclu à Londres le 6 juillet 1827, ainsi qu'au protocole du 22 mars 1829 à la suite de la défaite et de la destruction de la flotte tnrco-égyptienne par les navires français, anglais et russes dans les eaux de Navarin, le 20 octobre 1827; de déclarer qu'il était prêt à traiter avec les Russes sur les bases des conférences d'Akkermann, et enfin de signer la paix d'Andrinople, le 14 septembre 1829.

Par ce traité, la Turquie dut payer aux sujets de la Russie habitant son territoire une indemnité de 1,500,000 ducats, pour les frais de guerre une somme de dix millions de ducats, dont l'empereur Nicolas consentit toutefois à lui faire remise de la moitié, et, de la même manière que plus tard, en 1833, le territoire qu'on appelle les *six districts* fut incorporé à la Serbie, les villes turques situées sur la rive gauche du Danube, Braïloff, Giurgewo, etc., furent, avec leur territoire, incorporées à la Valachie, en même temps qu'on en rasait les fortifications.

La Turquie ne se fut pas plutôt réconciliée avec les Russes et les Grecs, leurs protégés, qu'elle eut à se défendre contre de puissants ennemis à l'intérieur. Des révoltes éclatèrent à Tripoli, en Syrie, à Samos, en Macédoine, en Bosnie, en Anatolie, en Albanie, à Alep ; mais le plus grave danger qu'elle eut à conjurer provint de l'insoumission du vice-roi d'Égypte, de Méhémet-Ali.

Encore un petit grand homme qui en définitive n'a été qu'un grand petit homme !

Quoi qu'il en soit, dès 1831, il résulta de cette insoumission une guerre entre l'Égypte et la Porte qui mit un instant en question l'existence de l'empire ottoman. A la tête d'une armée victorieuse, Ibrahim-Pacha, fils putatif de Méhémet-Ali et père du khédive actuel, parvint le 21 décembre 1832 jusqu'à Konieh, et la capitale de l'empire se

trouva gravement menacée. Il ne resta plus alors
à Mahmoud II d'autre ressource que de se jeter
dans les bras de son ennemi héréditaire, et d'implorer son appui contre un vassal rebelle. Une
flotte russe débarqua en Anatolie un corps auxi-
liaire qui campa depuis le 5 avril jusqu'au 10 juillet 1833 sur les hauteurs d'Unkiar-Skelessi, et
qui, par son attitude, empêcha Ibrahim-Pacha de
pousser plus loin ses avantages, en même temps
qu'il contraignit le vice-roi d'Égypte à accorder à la Turquie des conditions plus modé-
rées. La paix avec Méhémet-Ali fut conclue sous
la forme d'un firman d'amnistie daté de Konieh
les 4 et 6 mai 1833. Mahmoud II conclut ensuite,
le 8 juillet 1833, à Unkiar-Skelessi, un traité
d'alliance offensive et défensive avec les Russes
pour huit années, aux termes duquel il s'engageait
à refuser l'entrée des Dardanelles à tous les ennemis de la Russie et à ne permettre à aucun bâ-
timent de guerre de pénétrer dans la mer Noire.
Cette clause amena avec la France et l'Angleterre
des difficultés par suite desquelles le traité ne fut
point renouvelé à son expiration, et il intervint à
Londres, le 13 juillet 1841, entre les grandes
puissances occidentales, une convention qui inter-
disait le passage du Bosphore et des Dardanelles
à tous les vaisseaux de guerre étrangers indistinctement.

Peu de temps après la terminaison de cette guerre, la Turquie eut à combattre (en 1835) les Albanais, ainsi qu'à prendre des mesures sévères contre le parti des janissaires en Bosnie, où l'on ne tenait aucun compte des ordres envoyés de la capitale et où l'on violait tous les jours les frontières de l'Autriche. Contre toute attente, la Turquie, en envoyant à la même époque une flotte à Tripoli de Barbarie, réussit à faire rentrer ce pachalic sous son autorité (en mai 1835). L'île de Samos, habitée presque exclusivement par des Grecs, fit également sa soumission, et l'ordre finit par se rétablir peu à peu dans les autres provinces insoumises. Au milieu de ces complications intérieures et extérieures, Mahmoud II poursuivait ses réformes. La flotte et l'armée continuèrent à être organisées à l'européenne, mais sur un plus grand pied, et l'étiquette de la Porte commença à se rapprocher visiblement de celle des puissances occidentales. De jeunes Turcs furent envoyés à l'étranger pour s'instruire, et Mahmoud II autorisa la fondation à Constantinople d'écoles populaires d'après la méthode anglaise. En outre, à partir de 1835, il fit construire un grand nombre de voies de communication dans tout son empire, et y organisa un service des postes plus régulier que par le passé.

Mais toute cette activité réformatrice, au lieu

de pénétrer dans la vie intime de la population,
n'y produisait que des résultats artificiels et tout
extérieurs. En s'y attachant ainsi *unguibus* et
rostro, Mahmoud II avait entre autres pour but
d'arriver à acquérir la force nécessaire pour neu-
traliser la puissance du pacha d'Égypte, ce vassal
rebelle ; et c'est au moment où il se disposait à
faire de nouveau la guerre à Méhémet-Ali pour
voir se réaliser enfin un plan suivi avec tant de
ténacité, que la mort vint le surprendre, le
1er juillet 1839, avant qu'il eût pu apprendre le
nouveau désastre qui était venu frapper ses armes
à Nézib, et la trahison de son kapoudan-pacha
(ministre de la marine et grand-amiral).

Abdul-Medjid, fils de Mahmoud II, à peine âgé
de seize ans, lui succéda, au milieu de circonstances qui, l'on voit, ne pouvaient être plus difficiles.
La perte de la bataille de Nézib, la défection du
grand-amiral conduisant à Alexandrie la flotte turque avec laquelle il avait mission d'observer les
mouvements de la flotte égyptienne, ainsi que les
rapides progrès de l'armée d'Ibrahim-Pacha, tout
cela réuni menaçait l'empire ottoman d'une disso-
lution prochaine. La diplomatie européenne, pré-
voyant que de cette grande ruine surgirait une
guerre générale, s'empressa, au risque même d'a-
voir à soutenir une lutte contre la France, de ve-

nir en aide au jeune sultan. Le traité de Londres du 15 juillet 1840 stipulait d'employer la force des armes pour restreindre les empiétements du pacha d'Égypte. Le hatt du 12 janvier 1841 finit par rétablir l'équilibre entre Méhémet-Ali et la Turquie, et rendre à celle-ci le repos dont elle avait tant besoin.

Peu de temps après l'avénement au trône d'Abdul-Medjid, qui annonçait un caractère doux et docile aux avis de l'expérience et de la sagesse, le hatt de Gulhâné (3 novembre 1839) avait proclamé des garanties accordées pour la vie, les biens et l'honneur de tous les sujets de la Porte, sans exception de personnes ni de religions, supprimé ce qu'il y avait eu jusqu'alors d'arbitraire dans le recrutement de l'armée, et promis l'introduction d'un système uniforme d'impôts. Mais jusqu'à nos jours, comme on sait, cette espèce de constitution est demeurée à l'état de lettre morte.

En effet, bien qu'on eût établi déjà un nouveau système d'impôts, rédigé déjà un nouveau code pénal, créé déjà une foule de nouveaux rouages administratifs et adopté déjà un grand nombre de mesures propres à accroître le bien-être général ; quoiqu'on fût allé même jusqu'à convoquer déjà à Constantinople des députés des diverses parties de l'empire pour les consulter sur les diverses améliorations projetées, toutes ces mesures sont restées

sans résultats, parce qu'elles étaient déjà en opposition avec le vieil esprit de fanatisme et de pré-
jugé dont les masses continuent à être imbues, et
qu'elles ne pouvaient qu'échouer dans l'exécution
des détails contre le mauvais vouloir des fonctionnaires publics.

C'est ce que démontre, ce qu'a démontré surabondamment l'état déplorable où continue toujours de se trouver l'empire ottoman : entre autres, les insurrections qui éclatèrent déjà en 1840
à Siwas et en Bosnie ; l'état de misère et d'abjection des populations syriennes après leur retour
sous l'autorité de la Porte ; les actes de brigandage
et les atrocités commises par les Albanais rebelles
en Thrace, en Macédoine et en Albanie, ainsi que
les cruautés du gouverneur de la dernière de ces
provinces envers les Albanais catholiques. L'état
de constante anarchie du Kurdistan, malgré les
deux expéditions entreprises dans cette contrée
en 1847 et en 1852 ; la nouvelle insurrection à ces
époques de la Bosnie, ainsi que celle de l'Herzégovine, éclatant après l'éloignement d'Omer-
Pacha qui avait été chargé de les comprimer par
la force des armes ; les continuelles révoltes de
Candie et de Samos ; les insurrections bulgare et
autres d'aujourd'hui ; enfin la tyrannie que les
gouverneurs de provinces continuèrent à exercer
dans leurs eyalets respectifs : tout cela prouve

l'impraticabilité radicale du hatt de 1839, de
toutes les réformes passées, présentes et futures.
A Constantinople même, le parti de la réforme ne
tarda pas à perdre déjà une grande partie de son
influence sous Abdul-Medjid, par suite de l'importance de plus en plus grande des intrigues de
la sultane Validé, la mère du padischah, et de son
favori, le grand-maréchal du palais, Riza-Pacha.
Ce ne fut qu'à la chute de ce dernier, en 1845,
lorsque Réchid-Pacha eut été nommé ministre des
affaires étrangères, puis grand-vizir en septembre
1846, que ce parti reprit le dessus et put faire
adopter quelques mesures utiles. Mais ses efforts
devaient de nouveau échouer contre l'attachement
stupide des masses à leurs vieux préjugés. La
lutte des deux partis en présence se termina enfin
en 1852 par la chute de Réchid-Pacha.

Cette situation générale de l'empire ottoman,
mais surtout cette circonstance que les prétendus
hommes d'État de la Turquie considéraient toujours les traités avec les puissances chrétiennes
comme un joug que la civilisation leur avait im-
posé, devaient amener journellement, on doit
comprendre, des complications extérieures, notamment, en 1846, le conflit avec la Grèce, à propos de l'envoyé de la Porte, Musurus; la même
année, avec nous, à propos de l'état de choses

dans le Liban, — ensuite, en 1852, à l'occasion des *Lieux-Saints*, à Jérusalem et environs ; en 1849, avec la Russie et l'Autriche, à propos des réfugiés politiques magyars et autres. La victoire politique remportée dans cette dernière affaire par la Turquie, grâce à l'appui du cabinet de Saint-James, lui inspira de ce moment assez de confiance en elle-même pour prendre à l'égard de l'Autriche et de la Russie une attitude plus ferme, je pourrais même dire hostile à l'égard de la première de ces puissances. Le parti vieux-turc, qui à cette époque dominait dans le divan, en présence des événements survenus dans le Monténégro, événements qu'on attribuait aux menées occultes du cabinet de Saint-Pétersbourg, se décida à employer la force des armes pour ramener ce pays sous la dépendance de la Turquie. A la fin de 1852, Omer-Pacha fut chargé d'en opérer la soumission à la tête d'un corps d'armée considérable ; mais, par suite des difficultés insurmontables que lui opposèrent la nature même du sol et la brave résistance des Monténégrins, il échoua dans cette entreprise.

Sur ces entrefaites, le représentant de l'Autriche remit à la Turquie, le 7 janvier 1853, une note dans laquelle le cabinet de Vienne réclamait des garanties pour les chrétiens de la Bosnie, des mesures contre les réfugiés magyars, la jouissance sans partage pour l'Autriche des ports de Kleck et de Sutorina dans la mer Adriatique, le payement d'un certain nombre de réclamations pécuniaires élevées par des sujets autrichiens, etc. La Turquie n'avait point encore fait réponse à cette note, quand le comte de Linanges arriva à Stamboul en qualité d'envoyé extraordinaire du cabinet de Vienne, et exigea vingt-six jours plus tard, le 7 février, une déclaration positive de la Turquie touchant ces diverses réclamations, *une réponse catégorique* sur le but de l'expédition monténégrine, de même que l'expulsion des réfugiés magyars de l'armée ottomane. Dix jours plus tard, la Turquie, intimidée, consentait à donner complète satisfaction aux exigences du cabinet de Vienne, et envoyait l'ordre à Omer-Pacha de quitter le Monténégro.

Cette affaire était à peine terminée, le 14 février 1853, que les Russes provoquèrent à leur tour un conflit qui ne tarda pas à refaire de dame Question d'Orient l'objet de la sollicitude la plus vive des divers gouvernements européens et de toutes les préoccupations de l'opinion publique.

Pour mettre un terme aux discussions sans fin et souvent scandaleuses... je le crois bien, puisqu'on est allé jusqu'à titubanter et faire autre chose encore jusque sur les marches du Saint-

Sépulcre... je l'ai vu, de mes propres yeux vu! — pour mettre, dis-je, un terme à ces scènes scandaleuses des chrétiens latins et grecs au sujet de leurs droits respectifs à la possession des Lieux-Saints en Palestine, mais surtout pour donner satisfaction aux réclamations du cabinet des Tuileries, la Turquie, par un hatt en date de février 1852, avait arrêté que toutes les confessions chrétiennes y jouiraient des mêmes droits.

A dire vrai, ce hatt blessait les prérogatives que les Grecs prétendaient avoir à Jérusalem. Le 23 février 1853, en conséquence, l'empereur Nicolas envoyait à Constantinople le prince Mentschikoff, qui remettait à la Porte, avec des formes rudes et presque hostiles, une note où il était dit que les ministres d'Abdul-Medjid n'avaient point observé les prescriptions relatives aux Lieux-Saints, et avaient même pris des mesures qui en étaient la violation flagrante; qu'il y avait là une atteinte portée aux convictions religieuses de l'empereur de toutes les Russies et aux égards qu'on devait au tzar; qu'il était en sorte chargé, pour empêcher de pareils conflits de se renouveler, de même que pour donner satisfaction aux chrétiens du rite grec, d'exiger de la Turquie un traité *formel* contenant d'inviolables garanties pour l'avenir.

En d'autres termes, l'empereur Nicolas exigeait

... en catimini de la Turquie que, par une garantie solennelle des droits dont était investie l'Église grecque dans l'empire ottoman, elle donnât à la Russie indirectement le droit d'intervenir, le cas échéant, en faveur des Grecs fixés dans l'empire ottoman.

C'était là, comme on voit, une atteinte flagrante à la souveraineté du sultan dans ses États. Ayant refusé d'accéder aux conditions qui lui étaient posées telles quelles, l'empereur Nicolas crut pouvoir le mettre à la raison en dirigeant contre lui une puissante armée. Mais la France et l'Angleterre s'allièrent pour protéger la Turquie, et leur flotte combinée franchissait les Dardanelles le 22 octobre 1853.

Le 30 novembre suivant, les Russes détruisaient sept frégates turques dans le port de Sinope. Le 4 janvier 1854, les flottes anglaise et française entraient dans la mer Noire, et trois mois et demi plus tard, le 22 avril, bombardaient Odessa. Après quoi, en mai et juin, une armée de terre française et anglaise était envoyée en Orient. En même temps la flotte française pénétrait dans la Baltique, où elle était bientôt rejointe par la flotte anglaise.

Ont suivi le 16 août, comme on sait, le bombardement et la prise des îles d'Aland ; le 14 septembre, le débarquement de l'armée de terre en Crimèe ; le 20 septembre, la victoire de l'Alma ; le 5 novembre, la bataille d'Inkermann ; le 7 juin 1855, la prise du Mamelon vert ; le 16 août, dito, la victoire de Traktir.

La guerre de Crimée, en somme, se termina, après une résistance de dix-huit mois, par la prise de Sébastopol, et la paix fut signée le 30 mars 1856.

Les massacres des chrétiens en Syrie en 1860 semblèrent devoir, comme on a vu, préparer de nouvelles complications en Orient.

Dit pour gouverne à ce sujet, la France, en consentant à rappeler ses troupes, dont l'envoi avait été demandé par toute l'Europe indignée de la violation sanglante du traité du 30 mars 1856, a fait les réserves suivantes, stipulées dans une lettre de M. Thouvenel, en date du 3 mai 1861, au marquis de Lavalette, alors ambassadeur à Constantinople :

« ... Nous évacuerons donc la Syrie à la date fixée par le traité de Paris, mais nous n'y procéderons qu'après avoir hautement exprimé nos appréhensions et en recommandant instamment à la Porte de prouver qu'elle dispose, ainsi qu'elle l'a affirmé, des moyens nécessaires pour garantir les chrétiens contre le retour des calamités qu'ils ont subies. Nous n'aurons ainsi manqué à aucun de nos devoirs ; nous avons, d'une part, exposé aux puissances les motifs qui nous portaient à croire qu'en s'effectuant avec la réorganisation administrative du Liban, l'évacuation serait prématurée ; de l'autre, nous n'avons négligé aucun soin pour mettre la Porte en demeure de satisfaire aux obligations qui incombent à tout gouvernement régulier envers ses sujets.

« En présence d'un acte international, monsieur le marquis, nous ne pouvions faire davantage, et notre responsabilité est sauvegardée ; mais l'expiration même du terme pendant lequel nous étions liés par des nécessités résultant d'un accord débattu et réglé avec les autres cabinets, nous rend notre entière liberté d'appréciation et de conduite. Nous serons donc les maîtres d'examiner, en dehors de toute stipulation spéciale, les événements qui viendraient à surgir en Syrie, et nous n'avons pas à dissimuler à la Porte que des traditions séculaires nous imposeraient le devoir de prêter aux chrétiens du Liban un appui efficace contre de nouvelles persécutions.

« Vous voudrez donc bien vous expliquer en ce sens avec Aali-Pacha, et lui donner lecture et copie de cette lettre. »

Que répondre à cette déclaration, sinon que, n'ayant rencontré alors aucune objection de la part des puissances, elle aurait dû conserver for-

cément jusqu'au bout, — n'est-ce pas? le caractère
d'un fait accompli...

Mais, hélas! nous étions en train déjà de récolter les fruits de notre propagande... d'annexions.

L'idée que Napoléon III était le protecteur du
Saint-Siége, un nouveau Charlemagne, avait sé-
duit bien des gens. En 1861, ce parti avait fait
volte-face : ce qui se passait en Belgique, par
exemple, nous le prouve. Proudhon, expulsé, retiré en Belgique, ne croyait pas qu'il y eût plus
du tiers de la population wallone, c'est-à-dire un
neuvième, que l'on parvînt à entraîner, et il
croyait exagérer encore en posant ce chiffre.

« Quoi qu'il en soit de l'enthousiasme français
pour les annexions, écrivait-il, il est bien certain
que le gouvernement impérial est de plus en plus
insupportable à l'Europe. »

Il avait fini par ajouter ce nouveau grief à tous
ceux qu'il élevait et qu'il nourrissait pieusement
contre l'empire. M. Bonaparte et son état-major
de Grecs étaient définitivement passés chez lui à
l'état de monomanie.

Les Belges, étonnés et méfiants en Belges au
début, avaient fini par lui prêter toute leur attention ; la jeunesse flamande, surtout, lui accordait
une oreille attentive, le lisait et le discutait, au
point qu'il se formait bientôt dans son sein deux
partis décidés : les proudhoniens et les antiprou-

dhoniens. La contagion gagnait ensuite de proche en proche les pays circumfrançais, et la France, qui semblait avoir oublié son prophète, ne tardait pas à joindre à sa frontière naturelle une autre frontière, qui n'était autre que l'esprit et les doctrines de Proudhon, menaçant à chaque instant de l'envahir.

Proudhon, en effet, n'hésitait pas à préférer à cette époque la Belgique à sa patrie. Il tonnait contre nous, ses compatriotes, en termes peu mesurés, comme dans le morceau suivant :

« Pauvre nation française ! Apostate au 18 brumaire, apostate au 2 décembre 1851, insolente vis-à-vis de ses rois constitutionnels, rampante avec ses despotes ; sans principes, sans dignité, sans conscience, ingrate envers une République héroïque, calomniatrice de la République la plus modérée qui fut jamais. Que dirai-je encore? hostile à tout ce qui est suspect d'avoir une foi, une loi, une opinion, de l'honneur.

« Si je n'avais que vingt-cinq ans, j'irais en Amérique.

« Si je n'en avais que trente-cinq, je demanderais ma naturalisation en Belgique.

« Vos bourgeois, vos faubouriens, vos chauvins, vos tourlourous, vos policiers, vos jésuites, vos avocats, vos journalistes, votre bohème, tout cela m'est odieux. Oh ! s'il ne me restait pas parmi vous

quelques douzaines d'amis, des amis qu'à mon âge
on ne remplace plus, comme je vous enverrais à
tous les diables ! »

Voilà ce qu'avait produit la haine de l'empire
libéral, des Werhuelistes, chez Proudhon : jusqu'à songer à s'expatrier en Amérique, à se faire
naturaliser Belge !

Cependant, je trouve dans une lettre de la
même époque à son ami Bergmann une appréciation moins enthousiaste de ses hôtes :

« Que te dirais-je? *Ubi justicia, ubi patria !*
Certes, je ne prétends pas que mes hôtes vaillent
mieux que mes compatriotes; la contagion des
mœurs françaises a gagné la Belgique, et Bruxelles n'a pas, sous ce rapport, à se préférer à Paris.
Mais, enfin, je n'ai pas été mis cinq fois en jugement par le gouvernement belge ; je ne suis en
butte à aucune haine de parti ; on ne paraît pas
avoir la moindre envie de m'expulser, et je trouve
ici, comme en Allemagne, des lecteurs attentifs et
bienveillants. »

Toutefois, explique qui pourra l'anomalie : au
fond, Proudhon n'aspirait qu'à rentrer à Paris.
Il essayait vainement de tromper sa nostalgie, en
s'exaltant à froid sur les rares qualités de l'étranger. On voit bien qu'il leur préférait les défauts
des petits Français de la rue Saint-Jacques et de
la rue d'Enfer.

Ce dernier trait, pour finir, en vue de bien établir les véritables germes de la guerre de 1870, et les causes du délaissement général dans lequel l'Europe devait nous laisser croupir au cours de nos malheurs.

Nous ne sommes qu'en 1860, et déjà Pierre-Joseph peut prononcer ces paroles prophétiques :

« L'Allemagne tout entière est furibonde : la haine de l'empereur, le mépris de la France sont au comble. Si le prince régent de Prusse obéissait à l'impulsion nationale, la guerre serait longtemps déclarée. On est profondément irrité de cette insolence française qui force, par ses armements, l'Europe à se tenir en armes et à se ruiner par la crainte d'une subite attaque. Tout ce que Napoléon III a perdu dans l'opinion, le prince régent de Prusse l'a conquis. L'Autriche se rapproche de celui qu'elle regardait comme un compétiteur et un rival, et vous pouvez juger par l'ivresse que vient de provoquer en Belgique le roi Léopold, par les paroles du prince Albert, par le mécontentement des Suisses, par l'attitude de la Russie inquiétée par la Pologne, qu'à la prochaine insolence du gouvernement français, une coalition serait vite formée. »

Non, l'empire coulait et s'en allait. Malheureusement, la France suivait la même destinée.

. . . .

Abdul-Medjid est mort le 25 juin 1861. Il a eu pour successeur son·frère Abdul-Aziz, fameux par le bombardement de Belgrade et l'occupation de la Serbie en 1862, la révolution de Candie en 1867 et 68, ses cruautés exercées envers les représentants du parti de la Jeune-Turquie, l'assassinat des consuls français et allemand à Salonique; son armée d'odalisques, de mignons, de marmitons et d'instrumentistes ; ses folies et dépenses sans nom, un règne... abracadabrant de quinze ans, pour tout dire, et son... suicide avec de petits ciseaux.

Abdul-Aziz a été renversé du trône le 30 mai 1876. On lui a donné pour successeur Mourad V ou Amurath V, fils aîné d'Abdul-Medjid, — une Hautesse incapable pour cause de santé d'exercer ses fonctions, en proie au *delirium tremens*, diagnostiquée lypémane, idiote, gâteuse, diarrhéique, choréique et ataxique par ses médecins, — que l'on a dû remplacer 130 jours plus tard, le 7 octobre, par son frère, — un Abdul-Hamid II : trente-quatre ans et déjà vieux-turc, et musulman avec délices !

Des dépêches, comme on sait, ont constaté que le frère de Mourad V, de son côté, était dans une situation d'esprit des plus cruelles.

Également, on a parlé de ramollissement du cerveau, de gâtisme, de folie, de délire des persécutions.

Si ces nouvelles prennent de la consistance, le sultan Abdul-Hamid II ne pourra rester sur le... trône.

Pourquoi Abdul-Hamid II au lieu d'Achmet V, — Abdul-Hamid Ier au lieu d'Achmet IV?... Y aurait-il — un masque de fer là-dessous?...

Prière à S. A. Midhat-Pacha, le *deus ex machinâ* de la Jeune-Turquie, de vouloir bien nous édifier à cet égard.

Selon nous, l'homme du 30 mai et de la nuit du 15 au 16 juin n'aspire qu'à...

Un proverbe hindou sur ce sujet dit fort élégamment :

« Deux renards, deux singes, deux prêtres, deux médecins, ne peuvent vivre ensemble sous le même toit. »

S. A. Midhat-Pacha emploie en ce moment ses loisirs à l'étranger à mettre en action ce proverbe.

Son Altesse... pardon ! Sa Bassesse, Sa Hautesse, Sa Majesté... Midhat Ier.

Qui vivra verra !

CONCLUSION

Turcorum... exegi monumentum ! — Là, fran-
chement, je le demande, pour arriver à résoudre
enfin la question d'Orient, le remède n'est-il pas
de refouler en Asie les 2,750,000 Osmanlis qui
mettent en Europe la lumière sous le boisseau, et
d'affranchir une bonne fois les 7,223,500 Serbes,
Monténégrins, Herzégoviniens, Bosniens, Bulgares, etc., qu'ils oppriment et empêchent de
marcher dans les voies de la civilisation?...

Je l'ai dit deux fois déjà, je le répète encore :
« Que la diplomatie le veuille ou non, ce qui
« doit advenir de cette question sera. C'est la des-
« tinée des Osmanlis d'être forcés de disparaître
« peu à peu du sol européen. Quelque activité
« qu'ils déploient encore, on sent, ainsi que sur-
« tout le prouve leur histoire à partir de Soli-
« man II, qu'ils s'agitent en vain depuis cette
« époque dans le cercle des habitudes tracé
« autour d'eux. Ce cercle d'ignorance et de fana-

« tisme, où ils ont fini par se laisser tous prendre,
« va les étouffant de jour en jour davantage, —
« prélude de la grande heure des réparations pour
« les populations gréco-slaves ! La Turquie, ma-
« lade, on a vu, a commencé par restituer en
« détail ; agonisante, nous la verrons lâcher le...
« tout. »

Midhat-Pacha et les partisans de la Jeune-
Turquie ont prétendu que non, qu'au contraire
l'empire ottoman renaîtrait de ses cendres.

Un rêve de cigogne, voilà tout, dont je trouve
la moralité dans le cauchemar étrange qu'eut une
nuit, à l'encontre de cette soi-disant régénération,
Charles Asselineau pendant son séjour à Constantinople.

Cette ville apparaissait à l'auteur d'*Italie et
Constantinople* transformée et définitivement con-
quise aux bienfaits de la civilisation européenne.

Les rues en étaient admirablement nivelées,
alignées, et pavées à merveille ; dans les parties
abruptes, on montait de l'une à l'autre par de
beaux escaliers de granit gris pourvus de belles
rampes en fer, comme ceux du boulevard de la
Porte-Saint-Martin.

Des calèches découvertes menaient au pas de
promenade des femmes voilées de dentelles de
Chantilly et jouant de l'éventail comme des Madri-

lènes. Entre ces voitures de haut bord, circulaient, d'une marche plus agile, de petites corbeilles d'osier traînées par des chevaux nains, que manœuvraient des amazones souriant d'aise aux éloges donnés à leur adresse.

Au coin d'une rue, un cawas déclarait procès-verbal au concierge d'une maison dont le seuil n'était pas irréprochable, et mettait en fourrière un chien sans maître qui s'était jeté sur une charogne.

Sur l'emplacement du Grand-Bazar s'élevait la Bourse, construite par un membre de l'Académie des Beaux-Arts de Stamboul, à l'instar de celle de Paris.

Au Palais de Justice, un pacha plaidait en séparation contre sa femme, surprise en conversation criminelle avec un officier de la garde.

Plus de palais spacieux et de façades aveugles. Toutes les maisons avaient cinq étages et se laissaient voir par toutes leurs fenêtres. Les boutiques du rez-de-chaussée étaient fermées, vitrées et parées de toutes les séductions de l'étalage. Des inscriptions en toutes langues se lisaient sur les vitres.

Des bourgeois coiffés de fez se rendaient aux mosquées, le parapluie sous le bras, et tenant à la main des Korans *in-trente-deux*, imprimés à la mécanique et reliés en basane, à la place des

Korans manuscrits ridiculement colossaux qui exigeaient avant cela un domestique pour les porter
derrière eux. D'autres lisaient des journaux turcs,
composés en caractères romains, dans les cafés
meublés de guéridons de fonte et de canapés de
canne, et buvaient, dans des tasses épaisses de
deux doigts, du jus de chicorée falsifié.

Au milieu de la place du Séraskiérat se dressait
la statue de Mahmoud II, fondue à Paris par Bar-
bezat. Le palais du gouverneur militaire avait
pour vis-à-vis l'embarcadère central des chemins
de fer constantinopolitains.

Une église catholique faisait face à la mosquée
de Bajazet, et en s'approchant du Bosphore on
voyait, au-dessus des collines du village de Buyuck-
Déré, fumer une machine à vapeur qui rem-
plaçait les appareils hydrauliques construits par
Mahmoud I⁽ᵉʳ⁾ pour amener l'eau des sources des
environs dans la ville des sultans.

L'auteur d'*Italie et Constantinople* entra à la
mosquée de Bajazet ouverte à tout venant, et dont
les pigeons n'existaient plus que sur la carte d'un
restaurant voisin qui avait pris pour enseigne :
A la renommée des pigeons de la mosquée.

Un iman de mine sévère prêchait — en français, — pour être compris de tout le monde :

« Indignes musulmans, disait-il, qu'avez-vous
fait de vos croyances et de vos lois ? Vous ne gar-

dez plus vos femmes, dont la faiblesse succombe aux discours empestés des giaours. Que dis-je? — ô misérables ! — il n'est pas besoin de giaours : vous-mêmes, réduits par l'avarice à ne plus posséder qu'une seule femme, corrompus par la satiété, vous tombez en péché avec les femmes de vos voisins !

« Vous vous livrez au trafic impur de l'argent ; vous pratiquez l'usure proclamée infâme par le Prophète. Vos jours et vos nuits se consomment dans de vils calculs qui ne vous laissent plus le temps de penser à Dieu.

« Vous fabriquez, au mépris de la loi, des images humaines, parodies sacriléges de la création divine, et dont il vous sera demandé compte au jour du dernier jugement.

« Le temple de l'idolâtrie, — ô scandale ! — côtoie la maison d'Allah. Vous faites société avec les mécréants, et vous apprenez d'eux le blasphème, la débauche du vin et le parjure.

« Le nom de Dieu n'est plus dans vos bouches qu'une exclamation impie. Vous ne gardez plus la foi des paroles. Vous vous vautrez dans le mensonge et dans l'abomination. Chaque jour, à tout moment, vous vendez votre âme au démon.

« Le salut de vos âmes, la félicité éternelle, voilà le prix dont vous achetez des biens périssables, des biens qui vous corrompent et vous excluent à jamais de l'héritage céleste.

« O voûtes ! écroulez-vous sur ces têtes coupables. Anéantis, Allah! ce peuple qui a abjuré ta foi, qui méprise ta loi sainte, et qui ne mérite plus ta pitié ! »

Les fidèles croyants écoutaient ces dures paroles avec de grandes démonstrations d'humilité. Quelques-uns soupirèrent et se frappèrent la poitrine. Quand l'iman eut cessé de parler, tous accomplirent componctionnellement les prosternations prescrites. En se relevant, ils glissèrent dans leur poche de derrière le Koran *in-trente-deux*, et tirèrent de celle de devant un petit carnet sur lequel ils se mirent à faire des chiffres, en se dirigeant du côté de l'ancien Bazar.

En ce moment, étant encore sur la place du Séraskiérat, l'auteur d'*Italie et Constantinople* entendit dans une rue voisine une vive fusillade, suivie d'une affreuse clameur. Il s'approcha. C'était une émeute qu'une compagnie d'un régiment russe, donné comme garde d'honneur au sultan [1] venait de réprimer.

---

1. « Pour ne pas faire de jaloux, voir à ce propos dans le *Pays des Éléphants*, par M. Jacolliot, quelle sorte d'indépendance l'Angleterre laisse dans l'Inde aux pauvres rajahs qui de gré ou de force acceptent une garde anglaise.

Les soldats russes, leur besogne faite et parfaite, s'en retournèrent au pas accéléré, en essuyant leurs armes.

L'auteur d'*Italie et Constantinople* entendit sur leur passage des marchands turcs se dire l'un à l'autre, devant leurs maisons : — C'est bien fait ! Ces s... réactionnaires ruinaient le commerce. Voici huit jours que nous n'avons pu ouvrir nos boutiques.

L'officier russe fut obligé d'employer son autorité pour faire rentrer dans les rangs quelques retardataires que ces marchands retenaient en leur serrant la main et en leur versant à pleins verres le vin de leurs caves.

En s'avançant dans cette rue funeste, surveillée depuis le départ de la compagnie russe par la garde nationale, l'auteur d'*Italie et Constantinople* aperçut, sur les ruines d'une barricade encore fumante, une vingtaine de corps étendus, sanglants, vêtus de l'ancien costume de l'Islam, et parmi lesquels il crut reconnaître quelques mannequins du vieil arsenal.

Quand les soldats russes se furent éloignés, un de ces malheureux se releva et tenta, en s'appuyant aux murs, de gagner une mosquée. Mais il en fut repoussé avec énergie par la garde nationale et la population indignée :

— Allah ! dit-il en se laissant tomber sur le

pavé, ton jour est venu : la balle du giaour est moins cruelle que le cœur du musulman.

Et il expira.

. . . .

Ainsi finiront ces excellents Turcs. Priez pour eux, ô bons giaours, sur la terre d'Aïssa : ils se meurent, ils sont morts sur la terre des Mahomet II, des Sélim et des Soliman ! — *Requiem œternam dona eis, Domine !...*

LE MOT DE LA FIN

Le lecteur, à partir du 28 février, c'est-à-dire pendant l'intervalle de temps où l'on composait ce livre jusqu'à la veille de son apparition, a pu voir relatées dans les principaux journaux français et étrangers les dépêches ci-après concernant les affaires pendantes en Orient :

« Constantinople, 2 mars, soir.

« Des ordres avaient été donnés pour que le territoire serbe fût évacué le 12 mars par les troupes turques. »

« Constantinople, 3 mars.

« Le grand-vizir avait reçu ce jour un télégramme du prince Milan, ratifiant les bases de paix convenues et signées par les délégués serbes, ainsi que les assurances qui avaient été données à la Porte par ces derniers.

« Le prince constatait que le rétablissement du *statu quo* laissait ses droits et priviléges à la Serbie, qui acceptait les obligations des divers firmans octroyés par la Porte.

« Les relations entre la Turquie et la Serbie se trouvaient ainsi rétablies. »

« Londres, 3 mars.

« Le *Morning Post* confirmait la nouvelle que

la Porte préparait un manifeste adressé aux puissances, leur demandant, en vertu du traité de Paris, de requérir le désarmement de la Russie.

« D'après une première dépêche de Berlin, de la *Pall Mall Gazette,* les puissances étaient tombées d'accord sur la réponse à faire à la circulaire du prince Gortschakoff. On assurait qu'elles proposeraient d'accorder un délai à la Porte pour la réalisation des réformes promises.

« D'après une autre dépêche de Berlin, même jour, 5 h. 30 du soir, de l'Agence Mac-Clean, en effet les puissances étaient arrivées à une entente définitive sur la réponse à faire à la circulaire Gortschakoff, et le cabinet anglais, ayant pris l'initiative des négociations qui avaient eu lieu à cet égard, devait être le premier à présenter sa réponse.

« Ces réponses des puissances différaient seulement par les termes ; au fond, elles avaient le même sens.

« Les puissances s'accordaient à reconnaître le zèle méritoire dont avait fait preuve le gouvernement russe en faveur des chrétiens de Turquie, et proposaient formellement d'accorder à la Porte quelque temps de grâce pour lui permettre d'exécuter ses réformes les plus urgentes comme garanties de l'exécution d'autres réformes plus étendues.

« La réponse de la Turquie devait être soigneusement rédigée, afin de rendre plus facile à la Russie l'abandon de sa position menaçante, et de lui permettre de se tirer aisément de cette situation embarrassante.

« On ne savait ce que répondrait la Russie, mais on croyait à Berlin qu'elle accepterait les suggestions des puissances, tout en cherchant probablement à leur faire supporter la responsabilité de l'avenir. Une fois ces bases bien établies, la Russie devait procéder immédiatement à la démobilisation de son armée. »

« Saint-Pétersbourg, 3 mars, 7 h. 50, soir.

« D'après l'Agence générale russe, le général Ignatieff avait quitté le 2 mars cette capitale. Il se rendait à Berlin, puis à Paris, afin de consulter les médecins spécialistes pour l'ophthalmie dont il... souffre. Sa femme, venant de Kiew, l'avait rejoint à Vilna. »

« Constantinople, 3 mars, 10 h. 10, soir.

« Les délégués monténégrins avaient rendu visite au grand-vizir et à Sawfet-Pacha, ministre des affaires étrangères.

« Les dispositions paraissaient conciliantes de part et d'autre. »

« Berlin, 4 mars, matin.

« Le général Ignatieff et sa femme venaient d'arriver dans cette ville.

« Le général avait eu, dès son arrivée, plusieurs entrevues avec le comte d'Oubril, ambassadeur de Russie à Berlin, et s'était rendu, à 4 heures de l'après-midi, chez le prince de Bismarck, où il était resté plus d'une heure avec son secrétaire.

« Il avait dîné, à six heures, avec le prince.

« Dans la soirée, il avait eu une nouvelle entrevue avec le comte d'Oubril. »

« Londres, 5 mars.

« Le *Times* publiait un télégramme de Berlin,

de la veille, annonçant que l'on croyait que le général Ignatieff offrirait, de la part de son gouvernement, de licencier l'armée russe, si l'on voulait
admettre l'*abolition virtuelle* du traité de Paris.

« D'après une dépêche de Vienne publiée par
le *Standard*, la Russie faisait dépendre son désarmement d'un protocole européen signé par le sultan et portant création d'une garantie européenne
collective. »

« Constantinople, 5 mars.

« Les délégués monténégrins avaient déclaré
ce jour au grand-vizir que le prince de Monténégro
avait accepté la prolongation de l'armistice jusqu'au 21 mars et donné des ordres en conséquence.

« Les pourparlers pour la paix avec la Porte
commençaient au départ de la dépêche, et un haut
fonctionnaire turc devait porter incessamment à
Belgrade le firman rétablissant les relations entre
la Turquie et la Serbie. »

« Constantinople, 5 mars, soir.

« La première conférence entre les délégués
monténégrins et la Porte venait d'avoir lieu. Les
délégués monténégrins avaient présenté par écrit
leurs demandes à Sawfet-Pacha. Le ministre des
affaires étrangères avait promis de les examiner
et de désigner la date de la seconde conférence
pour les discuter.

« On assurait que les Monténégrins demandaient
comme modification de frontières la partie complé-
mentaire de quelques districts séparés en deux
lors de la dernière délimitation, ainsi que les dis-

tricts de Nikisch et de Pia; ils demandaient en outre le port de Spizza.

« Les Monténégrins réclamaient aussi la libre navigation du lac de Scutari et de la rivière Boyana, le rapatriement des insurgés herzégoviniens et un nouveau *modus vivendi* pour les relations futures entre la Turquie et le Monténégro. »

« Belgrade, 6 mars.

« Publication par l'*Officiel* serbe d'une proclamation du prince Milan annonçant la conclusion de la paix avec la Turquie. »

« Constantinople, 6 mars, 5 h. soir.

« La Porte paraissait opposée à quelques-uns des points contenus dans les demandes des délégués monténégrins.

« Le conseil des ministres devait s'occuper le lendemain de cette question.

« Quant au différend turco-russe, beaucoup plus sérieux, l'indécision était toujours la même.

« Le général Ignatieff recevait de grands honneurs à Berlin, mais on continuait d'ignorer quelle était sa mission et s'il en résulterait la paix ou la guerre. »

Voici, sur ce grave sujet, la série des dépêches des 5 et 6 mars; elles étaient contradictoires, mais à qui s'en prendre, sinon à la diplomatie elle-même? N'avons-nous pas dit que, de nos jours, dame Diplomatie était dépendante des événements, et que ces derniers se riaient de ses arcanes comme de ceux qui les faisaient naître?...

Ainsi, d'après deux dépêches de Vienne, 5 mars, du *Standard* et du *Times*, « on annonçait d'une manière semi-officielle qu'un conseil des ministres, tenu à Saint-Pétersbourg, avait rejeté l'idée d'accorder à la Porte un long délai pour l'exécution des réformes qu'elle avait promises, et que des nouvelles provenant de différentes sources indiquaient qu'il serait fait un effort pour faire renaître l'insurrection en Bosnie, aussitôt que la saison serait plus favorable. »

D'autre part, suivant un télégramme de Saint-Pétersbourg du 6 mars, matin, « un ordre du jour du ministre de la guerre, publié par le *Messager officiel,* prescrivait, conformément à une ordonnance impériale du 3 mars, la création d'un corps de grenadiers dans les huit circonscriptions militaires, numérotés de 1 à 6 et de 13 à 14.

« Le ministre de la guerre prescrivait, en outre, la formation immédiate de l'administration des corps d'artillerie, qui y sont afférents. »

Voilà le courant de la guerre; voici le courant de la paix :

« D'après la *Gazette de la Croix,* le prince de Bismarck aurait déclaré le 3 mars, dans une soirée parlementaire, que les puissances semblaient peu disposées à prendre une part active à une action contre la Turquie. »

D'après un renseignement envoyé de Saint-Pétersbourg, 6 mars, soir, « l'organisation administrative des corps d'armée n'était pas une menace de guerre, mais la continuation de l'application de la loi du 11 août 1874, concernant la réorganisation de l'armée russe.

« On assurait que les interprétations dans un

sens belliqueux du voyage du général Ignatieff étaient dénuées de fondement. »

« *Petit Journal*, *9 mars*. — Le comte Schouvaloff, ambassadeur de Russie en Angleterre, est arrivé, hier, à Paris.

« Le général Ignatieff a quitté Berlin, hier, et sera aujourd'hui à Paris.

« Il est permis d'espérer que nous pourrons apprendre bientôt quel est le but réel du voyage du diplomate russe.

« En attendant, nous en sommes toujours réduits aux conjectures.

« Une dépêche de Berlin résume une conversation qu'aurait eue un rédacteur du *Burgerzeitung* avec le prince Tzeretleff, secrétaire du général Ignatieff. En admettant que cette conversation soit vraie, elle ne jette aucune jour sur la situation ; ce sont des réponses évasives, une consultation, si l'on veut, mais une consultation très-vague où les partisans de la paix, comme ceux de la guerre, peuvent trouver leur compte.

« Nous croyons très-sincèrement que la Russie souhaite un arrangement pacifique, mais qu'elle cherche une satisfaction morale effaçant l'échec de la conférence... »

D'après les partisans de la paix, la Russie devait trouver cette satisfaction dans la réponse des puissances à la circulaire du prince Gortschakoff. »

« Saint-Pétersbourg et Semlin, 6 mars, soir.

« Les délégués monténégrins insistaient sur l'exécution du programme de la conférence par lequel ils se croyaient liés. La Porte refusait d'accepter cette base de négociation.

« L'insurrection bosniaque avait repris avec violence. »

. . . .

Inutile de poursuivre. C'est toujours, comme on voit, blanc bonnet, bonnet blanc.

Puisqu'on ne veut pas se décider à refouler les Turcs en Asie, il en sera ainsi jusqu'à ce qu'on en vienne aux prises en Europe également.

Après avoir allumé l'incendie en Orient, le général... *Brûle-Profondément* est venu l'allumer en Occident.

Un nom prédestiné : Igna-Tieff !...

FIN

Imprimerie D. BARDIN, à Saint-Germain.

DU MÊME AUTEUR:

Orient et Égypte dévoilés. . . . . 1 vol.

EN VOIE DE PUBLICATION :

L'Égypte contemporaine. . . . . 2 vol.
La Diplomatie européenne jugée par un Turc. . . . . 2 vol.

Imprimerie D. Bardin, à Saint-Germain.

www.ingramcontent.com/pod-product-compliance
Lightning Source LLC
Chambersburg PA
CBHW050658070726
47595CB00014B/368